바보 정운천의
7번째 도전

바보 정운천의 7번째 도전

초판 1쇄 발행_ 2011년 12월 8일

지은이_ 정운천
펴낸이_ 이성수
주간_ 박상두
편집_ 황영선, 이홍우, 박현지
디자인_ 이세영
마케팅_ 이현숙, 이경은
제작_ 박홍준
인쇄_ 삼영미디어

펴낸곳_ 올림
주소_ 서울시 종로구 신문로1가 163 광화문오피시아 1810호
등록_ 2000년 3월 30일 제300-2000-192호(구:제20-183호)
전화_ 02-720-3131
팩스_ 02-720-3191
이메일_ pom4u@naver.com
홈페이지_ www.ollim.com

값_ 13,000원
ISBN 978-89-93027-27-3 03320

바보 정운천의

7번째 도전

정운천 지음

올림

이 책은 정운천이 지금까지 살아오면서 직면했던 시련과 그것을 극복하기 위해 몸부림친 도전의 기록입니다. 졸저 《거북선농업》과 《박비향》의 주요 내용을 새롭게 구성하고 그 이후의 인생역정을 더해 7개의 도전과 극복 과정을 담았습니다.

위기는 기회다

제 인생은 도전의 연속이었습니다. 그것도 대개는 무모하기 짝이 없는, 바보 같은 도전이었습니다.

고1 때 아버지를 여의고 끼니조차 잇기 힘든 가정형편 속에서도 세 번의 도전을 거듭한 끝에 원하던 대학에 입학했습니다. 대학을 졸업하고는 모두가 떠나려는 농촌으로 내려가 모두가 마다하는 농업을 선택해 25년 외길을 걸었습니다. 비닐하우스 안에 벽돌집을 짓고 5년 5개월을 살면서 농민들을 하나로 묶었고, 그 힘을 바탕으로 위기를 극복했습니다. 패배의식에 젖은 농촌에 희망의 밀물시대를 열기 위해 동분서주했습니다.

이명박 정부의 초대 농림수산식품부장관이 되었을 때는 〈PD수첩〉의 광우병 보도로 촉발된 촛불의 광풍에 휩싸였습니다. 졸지에 '국민 건강을 팔아먹은 매국노'가 되었습니다. 그러나 저는 소통을 위해 광화문 촛불광장을 찾아갔습니다. 많은 사람들이 위험하다고 막아서고 만류했지만 가지 않을 수 없었습니다.

장관직에서 물러난 후 실직자가 되었지만 실업자는 되지 않았습니다. 농촌을 살리고 농업을 키우기 위해 계속 뛰어다녔습니다.

2010년 지방선거 때에는 한나라당 후보로 전북지사 선거에 출마했습니다. 전북은 한나라당에는 불모의 땅이었습니다. 저는 모험을 하고 싶지 않았습니다. 어설프게 나섰다가는 망신만 당하기 십상이었으니까요. 그러나 저는 도전했고, 결국 한나라당 후보로서는 전례 없는 '경이로운' 득표율을 기록했습니다. 무엇보다도 지역장벽이 결코 넘지 못할 벽은 아니라는 희망을 갖게 된 것이 가장 큰 소득이었습니다.

실직이든 전쟁이든 금융위기든, 그것이 우리에게 어떤 영향을 미칠지는 결국 우리 자신이 결정하는 것입니다. 위기에 대응하는 우리의 의식과 자세에 따라 우리는 그것에 무릎을 꿇을 수도 있고, 그것을 극복할 수도 있는 것 아닐까요?

경제가 어렵다고 합니다. 그러나 돌이켜보면 우리에게 어렵지 않은 때가 있었나요? 가까이 20세기 이후만 보더라도 일제의 침략으로 나라를 잃고 6·25전쟁으로 온 나라가 폐허가 되었으며 오일쇼크와 외환위기로 국가 경제가 휘청거렸습니다. 그러나 우리는 다 이겨내지 않았습니까?

저는 지금 다시 링에 오르고자 합니다. 지난 선거에서 뿌린 소통의 씨앗, 그 씨앗을 가꾸고 지역주의의 벽을 넘어 세계 속에 우뚝 선 대한민국을 위해 다시 한 번 굳세게 도전하겠습니다.

위기 속에서도 기회를 찾고자 노력해온 저의 무모한 도전을 통해, 길고 어두운 터널을 통과하고 있는 오늘의 젊은이들이 조금이라도 힘과 용기를 얻을 수 있다면 더 바랄 것이 없겠습니다.

전주 효자마을에서

정운천

도전 3 위기는 새로운 기회

도전 4 거북선농업으로 한계를 극복하다

도전 **7** 성숙한 세계국가를 위해

내가 고등학교에 진학한 후 우리 집은 그야말로 쑥대밭이 되었다. 1학년 때 아버지가 돌아가시고 뒤이어 형님의 사업까지 부도가 나면서 학교를 계속 다니는 것조차 힘겨운 형편이 되었다. 그러나 학업을 포기할 수는 없었다.

고교 시절 친구들과. 앞줄 오른쪽

삼수 끝에 어렵사리 대학에 입학했지만 기쁨도 잠시, 쌀 한 가마가 15,000원 하던 시절에
대학 등록금 314,740원은 끼니조차 거르기 일쑤였던 나에게는 감당하기 어려운 거액이었
다. 대학생활은 나에게 낭만이 아니라 냉혹한 현실이었다.

대학 졸업식에서. 학사모 쓴 이

3년여의 군생활을 마치고 돌아오니 집안
사정은 조금도 나아지지 않은 상태였다.
복학 후 2년 가까이 제대로 영양 섭취도
못하면서 무리한 탓에 몸이 극도로 쇠약
해져 결국 '폐병 3기' 진단을 받았다.

군복무 시절 양구 백석산에서

고민을 거듭하던 끝에 내가 직접 키위를
재배해보자고 마음먹었다. 그러나 정부에
서 부적합 판정을 내린 키위에 인생을 건
다는 것은 큰 모험이 아닐 수 없었다.

키위 밭에서

악연을 풀기 위해 7년 동안 애썼지만 헛수고였다. 그러나 그가 부친상을 당했을 때 장지로 찾아가 먼저 사과하고 손을 내밀자 그도 내 손을 마주 잡고 눈물을 흘렸다.

명 사장과의 몸싸움. 맨 왼쪽

ⓒ진도군청

아무리 생각해도 해법을 찾지 못한 나는 또다시 울돌목을 찾았다. 진도대교의 난간을 붙잡고 서서 세차게 굽이치는 울돌목의 물결을 하염없이 바라보았다.
얼마나 그러고 있었을까? 물결 위로 누군가의 모습이 눈앞에 선명하게 떠올랐다.

직접 눈으로 확인한 뉴질랜드와 미국의
키위산업은 너무나 거대한 골리앗이었다.
그 골리앗과 맞서 싸워야 하는 현실이 바
위처럼 무겁게 내 가슴을 짓눌렀다.

미국 키위협회와 협상. 1990년

참다래는 기껏해야 반년 장사였다. 참다
래를 보완할 새로운 품목이 필요했다. 이
순신 장군이 덮개를 씌워 과거의 목선과
는 차원이 다른 거북선을 만든 것처럼 새
로운 가치를 창출해야 했다.

"이대로는 안 됩니다! 지금과 같이 생산만 해서는 희망이 없습니다. 이제는 '농식품산업'으로 가야 합니다. 농업에 식품을 결합해 농림부를 농업식품부로 만들어야 합니다. 농업을 가공, 유통, 판매까지 두루 포괄하는 복합산업으로 바꾸고 문화, 관광과 연계해 입체산업으로 육성해야 합니다."

농림수산식품부 현판식.
2008년 3월. 왼쪽 맨 위

ⓒ조선일보

"정운천이 여기 왜 왔어! 매국노가 여기 왜 왔냐고!"
누군가가 그렇게 소리쳤다. 그러자 여기저기서 "매국노! 매국노!" 하며 따라 외쳤다. 물병까지 날아들었다. 나는 사력을 다해 앞으로 나아갔다. 발언대가 가까이 보였다. 그러나….

광화문. 2008년 6월 10일. 가운데 점선 부분

수입 쇠고기와의 경쟁을 극복하고 한우
산업이 발전하기 위해서는 원산지표시제
정착이 무엇보다 시급한 문제였다.

원산지표시 점검. 2008년 6월. 왼쪽에서 두번째

대화가 끝나갈 즈음 한 아이가 손에 무엇
인가를 들고 와 내게 내밀었다. 달걀이었
다. 시위대에 참가한 한 아주머니가 나한
테 던지려고 가져온 달걀이었다.

대전. 2008년 6월

내게 선거 출마는 완전히 새로운 모험이었다. 더구나 전북은 한나라당에 불모지나 다름없었다. 나는 모험을 하고 싶지 않았다. 어설프게 나섰다가는 망신만 당하기 십상이었다.

전북지사 선거운동, 2010년 5월

MBC 〈PD수첩〉의 보도로 촉발된 촛불시위로 가족들까지 마음 편할 날이 없었다. 고3이었던 아들은 그래도 꿋꿋했다. 딸아이는 당시 열여섯, 예민한 나이에 상처를 많이 받았지만 고맙게도 잘 이겨내주었다. 20년 지기를 잃은 아내는 내가 선거에 나서자 27년 동안 천직으로 지켜온 교직을 접고 내 곁을 지켜주었다.

고민을 거듭하던 어느 날, 함거에 갇혀 한양으로 호송되는 이순신 장군의 모습이 떠올랐다.
'군주의 시대에는 왕에게 용서를 빌었지만, 민주의 시대에는 국민에게 용서를 빌어야 한다.'
내가 함거에 오르겠다고 하자 많은 분들이 반대하고 만류했다. 두렵기도 했다. 그러나 나를
믿고 지지해준 15만 도민들에게 책임지는 모습을 보여드려야 했다.
이른 아침부터 밤늦게까지 무릎도 펴지 못하고 갇혀 있으니 몸이 굳어 움직이기조차 힘들
었으나 도민들의 위로와 격려가 큰 힘이 되었다.

전주. 2011년 5월

방송이 문화의 첨병이라면 음식은 문화의 본진에 해당한다. 한류의 영향으로 한국 문화에 대한 관심이 고조된 이 기회를 활용해 한식을 세계화해야 한다. 우리의 맛과 멋을 세계에 알려 대한민국의 국격을 높이는 한편 세계인의 건강과 웰빙을 책임지는 글로벌식품으로 만들어야 한다.

한식 세계화 행사. 도쿄. 2011년 6월

"30년 동안 굳어진 지역감정을 하루아침에 해소하기는 어렵습니다. 그러니 제도적으로 이를 완화하는 방안을 모색해야 합니다. 가장 쉽게 접근할 수 있는 것이 석패율제입니다. 2012년 총선에 석패율제를 도입해 호남에서 한나라당 의원을, 영남에서 민주당 의원을 배출하면 고질적인 지역장벽을 극복하는 출발점이 될 것입니다."

도전 1

고교는 재수, 대학은 삼수

눈부신 햇살과 바닷물이 어우러져 만들어내는 거대한 황금물결. 온 바다가 황금물결로 요동
쳤다. 나는 두근거리는 가슴으로 바다를 내려다보았다.

"그래, 바로 저거다! 나도 저렇게 살 것이다! 지금은 어렵고 힘들지만 언젠가는 저 황금물결처
럼 약동하는 삶을 살 것이다!"

떨어지고, 또 떨어지고

운동장으로 들어서자 게시판 앞에 수많은 사람들이 북새통을 이루고 있었다. 환호성을 지르는 사람, 헹가래를 치는 사람, 고개를 숙이고 말없이 돌아서는 사람, 흐느끼며 서로의 등을 두드려주는 사람….

뛰는 가슴을 진정시키며 빠른 걸음으로 다가갔다. 사람들 사이를 헤집고 들어가자 게시판에 붙여놓은 합격자 명단이 보였다. 쿵쾅쿵쾅, 게시판 앞으로 다가갈수록 심장이 점점 더 크게 뛰었다.

그러나 없었다. 내 이름은 보이지 않았다. 눈을 비비고 몇 번이나 다시 쳐다보았지만 '정운천'이란 이름 석 자는 끝내 찾을 수 없었다.

가난하다고 꿈마저 포기할 수야

성을 쌓는 것은 힘들어도 허물어지는 것은 한순간이다. 나는 그것을 온몸으로 체험했다. 내가 집을 떠나 익산의 남성고등학교에 진학한 후 우리 집은 그야말로 쑥대밭이 되었다. 할아버지 대까지만 해도 고창에서 알아주는 만석꾼 집안이었는데, 아버지 대에 들어 가세가 기울기 시작했다. 그래도 먹고사는 데는 걱정이 없었으나 1학년 때 아버지가 돌아가시고 난 뒤 형님의 건설사업까지 부도가 나면서 가계는 한순간에 절망의 나락으로 떨어졌다. 무엇 하나남은 게 없었다. 학교에 다니는 것조차 힘들 지경이었다.

하지만 학업을 포기할 수는 없었다. 내게는 고려대 진학이라는 확고한 목표가 있었다. 집안이 어려워졌다고 꿈마저 포기할 수는 없었다.

그러나 현실은 가혹했다. 우선 하숙비를 마련하는 일부터 걱정이었다. 특별한 대안이 없다면 당장 학업을 중단할 수밖에 없는 상황이었다.

며칠을 고민한 끝에 나는 한 가지 방법을 생각해냈다. 기숙 가정교사를 하는 것이었다.

당시 반에서 친하게 지내던 완수라는 친구는 익산 시내에 거주하는 데다 집안도 넉넉했다. 하지만 성적이 시원찮아 대학 진학을 걱정하고 있었다. 다행히 나는 어려운 여건 속에서도 늘 상위권의 성적을 유지하고 있었다. 그래서 완수의 공부를 도와주는 조건으로 그의 집에서 기숙하는 방법을 생각해낸 것이다.

내 제안에 완수는 흔쾌히 동의했지만, 그것만으로는 부족했다. 완수 부모님이 승낙을 해야 가능한 일이었다.

그러나 나는 친구의 집을 찾아가지 않았다. 비록 내가 아쉬워 생각해낸 방안이지만, 당당하고 싶었다. 그러기 위해서는 내가 완수 부모님에게 부탁하는 것이 아니라 완수 부모님이 내게 부탁하는 것이 좋겠다는 생각이 들었다. 자식이 좋은 대학에 가는 데 도움이 된다는데 마다할 부모님이 있겠는가? 나는 완수에게 부모님을 설득해달라고 부탁했다. 며칠 지나지 않아 완수 부모님이 나를 부르셨다.

"운천아, 네가 공부도 잘하고 우리 완수와 친하다고 들었다. 완수가 간곡히 원하니 우리 집에서 함께 공부하면 어떻겠니?"

시내의 황금당 빵집에서 김이 모락모락 나는 빵을 사주며 완수 부모님은 내게 정중히 부탁하셨다. 그렇게 해주면 용돈도 주겠다고 말씀하셨다.

나는 완수네 집에서 살면서 함께 공부했다. 집안이 엉망인 상황에서도 포기하지 않고 열심히 공부했지만 나는 첫 입시에서 고배를 마셨다. 다행히 완수는 단국대에 합격했다.

내가 고려대를 고집한 이유

이제 어떻게 해야 하나···. 막막했다. 현실적인 대안은 후기 대학에 지원하는 것이었다. 그러나 그럴 수 없었다. 어려서부터 내 목표는 고려대였다. 다른 대학은 생각도 한 적이 없었다.

내가 고려대를 고집한 것은 인촌 김성수 선생과의 인연 때문이었다. 동아일보를 창간하고 한민당 당수와 부통령을 지냈으며 고려대학교의 설립자이기도 한 인촌 선생과 나는 특별한 인연이 있었다. 60년 전 선생이 태어나신 바로 그 방에서 내가 태어난 것이다.

당시 우리 집안은 인촌 선생과 사돈관계에 있었다. 마을에서 이사를 가게 된 선생은 집을 돌볼 사람이 없자 아버지에게 집 관리를 부탁하셨다. 아버지는 그 집에 거주하면서 관리하셨는데, 그때 선생이 태어나셨던 바로 그 방에서 어머니가 나를 낳으신 것이다.

그런 특별한 인연에다 선공후사(先公後私)를 실천한 선생의 인격을 흠모한 나는 어려서부터 선생을 인생의 멘토로 삼았고, 선생이 설립한 고려대에 진학해 공부하는 것을 목표로 삼았다. 그러니 내게 있어 고려대는 여러 대학 중의 하나가 아니라 반드시 가야 하는 숙명과도 같은 대학이었다.

그런 상황에서 한 번 떨어졌다고 후기대로 눈을 돌릴 수는 없었다. 어려서부터의 꿈을 쉽게 포기할 수는 없었으니까.

"운천아, 네 아버지가 살아계실 때 가끔 하신 말씀이 있다."

입시에 실패해 풀이 죽은 내게 어머니는 정색을 하고 이렇게 말씀하셨다.

"유명한 명리학자에게 들었다며, 아들 중에 큰 인물이 날 거라 하셨다. 내 생각에 바로 너를 두고 한 말인 것 같다. 그러니 실망하지 말고 서울 가서 더 열심히 공부해라."

어머니는 그렇게 나를 격려하고 마지막 남은 자투리땅을 팔아 생활비를 마련해주셨다. 집에서는 여건이 안 되니 서울로 올라가 학원에 다니며 공부하라는 것이었다.

그렇게 해서 나는 서울로 올라가 광화문 학원가 근처에 방 한 칸을 얻어 대성학원에 다니며 입시공부를 시작했다. 책상 앞에 고려대학교 사진을 붙여놓고, 고향에서 고생하고 계실 어머니를 생각하며 공부에 전념했다.

그런데 그해 입시에서 또 한 번 실패했다. 특수반에서 함께 공부한 수십 명의 친구들이 다 합격했는데, 나만 혼자 떨어진 것이었다.

또다시 합격자 명단에서 이름을 찾지 못하고 돌아설 때 나도 모르게 눈에서 굵은 눈물방울이 뚝뚝 떨어졌다. 정말 열심히 공부했는데…. 더 이상 무엇을 어떻게 할 수 없는 절망의 늪 속으로 빠져드는 것 같았다.

절망의 바닥에서 본 황금물결

"당신 아들 어디 있어? 어디다 숨겼는지 말하란 말이야!"

"갚겠다고 약속한 게 언젠데 아직도 함흥차사야! 당신도 당신 아들과 함께 보증 섰잖아…."

"내 돈! 피 같은 내 돈 내놓으란 말이야!"

밖에서 들리는 왁자지껄한 고함소리. 또 시작이었다. 한 달에 몇 번씩이나 찾아오는 빚쟁이들. 화풀이하듯 어머니에게 해대는 고함과 욕설….

"우리 아들이 그렇게 나쁜 애가 아니여. 돈 벌어서 꼭 갚을 것이여. 그러니 지발 그만 좀 히여잉!"

같은 말을 반복하며 사정하는 어머니의 목소리도 들렸다.

사랑방에 틀어박혀 세 번째 대학입시에 도전하고 있는 내게는 가장 견디기 힘든 고문의 시간이었다.

한 해 전 내가 서울에서 학원에 다닐 때에도 어머니는 저 모진 고통을 고스란히 감내했을 것이다. 어쩌면 지금보다 훨씬 더 심했을지도 모른다. 그렇게 모든 것을 희생하며 내게 공부할 여건을 만들어주셨는데 또 떨어졌으니…. 어머니 가슴에 못을 박아드린 것 같아 마음이 무거웠다.

한편으로는 내가 이렇게 살아도 되는지 혼란스러웠다. 아들 중에 집안을 일으킬 큰 인물이 나올 거라 했다는 아버지 말씀. 어머니는 저렇게 빚쟁이들에게 시달리는데, 그 말 하나 믿고 언제까지 책만 붙잡고 있어야 하는 것인지….

사랑방에 틀어박혀 입시공부를 하면서 답답하고 울적할 때면 나는 뒷동산을 찾았다.

산에서 내려다보는 바다는 무척 아름다웠다. 병풍처럼 둘러싼 변산반도 사이로 뻗어나간 쪽빛 바다, 그 바다와 하늘이 맞닿아 만들어내는 수평선, 수평선 위를 지나가는 고기잡이배…. 그야말로 한 폭의 풍경화였다.

바위에 걸터앉아 바다를 바라보고 있노라면 답답함이 가시고 마음도 한결 개운해졌다. 그것이 좋아 아침저녁으로 산책 삼아 오르기도 했다.

그날은 무엇보다도 빚쟁이들의 등쌀에 시달리며 사정사정하는 어머니의 모습을 차마 계속 보고 있을 수 없었다. 나는 책을 덮고 뒷동산으로 뛰어 올라갔다.

오후의 바다 물결은 춤을 추듯 넘실거렸다. 태양이 서서히 서쪽으로 기우는 가운데 저 멀리서 밀물이 밀려오고 있었다. 때마침 사리인지라 물결은 해안선을 삼켜버릴 듯 드높고 거셌다. 밀려오는 물결을 따라 답답하고 갑갑했던 내 마음 또한 넘실거렸다.

그때였다. 구름 사이로 햇살이 내리비쳤다. 순간 바다는 금빛 물결로 출렁거렸다. 눈부신 햇살과 바닷물이 어우러져 만들어내는 거대한 황금물결. 온 바다가 황금물결로 요동쳤다. 나는 두근거리는 가슴으로 바다를 내려다보았다.

"그래, 바로 저거다! 나도 저렇게 살 것이다! 지금은 어렵고 힘들지만 언젠가는 저 황금물결처럼 약동하는 삶을 살 것이다!"

실패하면 바로 군에 입대해야 하기 때문에 삼수는 내게 사실상 마지막 도전이었다. 막다른 골목, 그 절망의 늪에서 약동하는 서해 바다의 황금물결을 본 것이다.

그날의 황금물결을 가슴에 새기고 나는 입시 준비에 또 한 번 모든 것을 쏟아부었다. 큰 인물이 돼야 한다는 목표가 있었기에, 가슴속에 새겨진 황금물결이 있었기에.

나는 세 번째 입학시험을 치렀다. 물론 고려대에서.

합격, 또 다른 시련의 시작

1975년. 그해 겨울은 유난히 추웠다. 나는 옷깃으로 목을 감싸고 고려대 운동장으로 들어섰다. 지난 2년의 시간이 주마등처럼 머리를 스쳤다. 가슴속에 황금물결을 품고 하루하루 최선을 다해 온 나날들…. 나는 운명을 하늘에 맡기고 게시판을 향해 뚜벅뚜벅 걸음을 옮겼다.

사람들 사이를 비집고 들어가 게시판의 명단을 확인하는 순간, 제일 먼저 내 이름이 눈에 들어왔다.

75001 정운천.

고려대에 올인하겠다는 생각에서 제일 먼저 원서를 제출하여 받은 수험번호 75001. 합격자 명단 맨 앞에 내 이름이 있었다. 검은

글씨로 선명하게 쓰인 '정운천'이란 세 글자.

"해냈다, 해냈어! 드디어 내가 해냈어!"

두 번의 실패와 세 번의 도전. 마지막 도전 끝에 이루어낸 합격이었다.

보약을 팔아 등록금을 마련하다

세 번의 도전 끝에 이루어낸 합격. 그러나 기쁨의 순간은 너무 짧았다. 합격을 확인하고 돌아서는 순간 또 다른 시련이 마음을 무겁게 짓눌렀다. 등록금이 없었던 것이다.

314,740원. 쌀 한 가마가 15,000원 하던 시절이었다. 끼니조차 거르기 일쑤인 집안에 그런 큰돈이 있을 리 없었다. 지금처럼 학자금 융자 같은 것은 생각도 못하던 시절이었다. 등록일까지 남은 기간은 한 달이 채 되지 않았다. 3년 동안 고생고생해서 합격했는데, 막상 합격하고 나니 또 다른 난관이 나를 기다리고 있었던 것이다.

어떻게 해야 하나? 독지가를 찾아가 사정이라도 해볼까? 친척 어르신에게 부탁해볼까? 이런저런 생각이 떠올랐지만 내키지 않았다. 어떻게든 내 힘으로 해결하고 싶었다.

고민 끝에 형을 통해 알게 된 '경약산업사'라는 보약회사를 찾아갔다.

"스스로 등록금을 마련하고 싶습니다. 도와주십시오."

나는 그곳에서 상무로 재직하고 있는 형님의 친구에게 간곡히 부탁했다. 내 사정을 들은 상무님은 고맙게도 9,900원 하는 보약 50개를 원가인 3,300원에 외상으로 빌려주었다. 그것을 다 팔면 등록금을 마련할 수 있었다.

그 길로 나는 보약 판매를 시작했다. 가까운 친척부터 시작해서 중·고등학교 선생님, 선배들, 그리고 이런저런 인연을 통해 알게 된 지인들까지 일일이 찾아다녔다.

"이 약은 선생님의 몸을 살리는 보약일 뿐만 아니라 저를 살려주는 마음의 보약이기도 합니다. 도와주시면 열심히 공부해 사회와 나라를 위해 봉사하는 것으로 보답하겠습니다."

등록일까지 한 달, 나는 발이 닳도록 뛰어다니며 내 사정을 설명하고 도움을 청했다. 그러나 쌀 한 가마에 15,000원 하던 시절에 9,900원이나 하는 보약을 선뜻 사줄 사람은 많지 않았다. 하루하루 시간이 지날수록 애간장이 탔고, 그만큼 발걸음이 더 급해졌다. 끼니도 챙기지 못한 채 하루 종일 돌아다녔다. 그런 노력을 하늘이 알아준 것인지, 나는 등록일까지 보약 50개를 모두 팔 수 있었다.

그렇게 등록을 마치고 난 그날 저녁, 나는 그대로 쓰러져 사흘을 앓았다. 극에 달했던 긴장이 풀리자 몸이 견디지 못하고 쓰러진 것이었다.

우여곡절 끝에 고려대 농업경제학과에 입학했지만, 대학생활 또한 평탄치 못했다.

　1975년 당시 나라는 유신헌법 철폐 시위로 어지러웠다. 학생들이 주축이 된 시위가 전국으로 확산되자 정부는 긴급조치와 함께 대학에 휴교령을 내렸다.

　그해 11월 나는 군에 입대했다. 훈련소를 거쳐 양구의 백석산 고지에 배치되어 영하 30도를 오르내리는 삭풍을 이겨내며 병역의무를 수행했다. 그렇게 3년여의 군생활을 마치고 병장으로 제대하니, 나는 이미 스물다섯의 늙은(?) 복학생이었다.

도전 **2**

땅끝에서 농업에 투신하다

"인생의 진로를 결정할 때에는 가장 첨단을 달리는 곳이나 아니면 가장 낙후된 곳을 우선적으로 고려하라. 그만큼 성공의 여지가 많고 개발의 잠재력이 크다."

나는 생각했다. 농업이 낙후되어 있다는 이야기는, 뒤집어보면 그만큼 발전 가능성이 큰 분야라는 뜻이기도 하다. 나는 농업을 전공했고 키위에 대해서도 확신이 있다. 내가 최선을 다해 재배하면 충분히 성공할 수 있고, 그렇게 되면 농민들에게 새로운 희망을 주며 낙후된 농업에도 활력을 불어넣을 수 있을 것이다. 농업을 전공한 농학도로서 그만한 기쁨과 보람이 또 어디에 있겠는가….

젊은 날의 방황과 시련

　1980년 5월, 국민들의 민주화 요구를 힘으로 억누르는 신군부에 맞선 학생과 시민들의 시위는 마침내 빛고을 광주에서 민주화운동으로 폭발했다. 그러나 무력 진압에 나선 신군부의 총칼에 수많은 학생과 시민들이 쓰러지고 투옥되었다.

　당시 나는 고려대 4학년의 복학생 신분이었지만 적극적으로 투쟁에 뛰어들지 못했다. 내가 처한 상황이 너무나 힘들고 고달팠기 때문이었다.

　2년 전 군에서 제대해보니 집안은 달라진 게 없었다. 가족들은 뿔뿔이 흩어졌고, 홀로 남은 어머니는 남의 집 사랑방에 몸을 의지하고 있었다.

어머니를 모시고 학교 근처에 단칸방을 마련한 나는 복학과 동시에 생활전선에 뛰어들었다.

다행히 산학협동재단에서 장학금을 받게 되어 등록금 걱정은 덜었지만, 생활비는 직접 해결해야 했다. 나는 크고 작은 아르바이트를 시작했다. 학교 공부와 아르바이트를 병행하는 것이 결코 쉽지 않았지만, 없는 시간을 쪼개 공인감정사 시험에 매달렸다. 졸업 후 취업에 대비하기 위해서였다.

그렇게 노력한 결과 이듬해인 79년 나는 공인감정사 시험에 합격할 수 있었다. 그러나 2년 가까이 제대로 영양 섭취도 못하면서 무리하게 생활한 탓에 몸이 극도로 쇠약해져 결국 '폐병 3기' 진단을 받게 되었다.

그런 상황에서 80년의 5월을 맞은 나는 투쟁에 나서는 동료와 선후배를 보면서도 함께하지 못했다. 온전치 못한 몸도 몸이려니와 홀로 어머니를 모시고 있는 상황이 나의 발목을 붙잡았던 것이다.

그 일은 두고두고 나를 괴롭혔다. 시간과 공간과 생각을 공유하면서도 행동을 함께하지 못했다는 자책감이 오래도록 가슴을 아프게 했다.

결국 나는 서울을 빠져나와 남쪽으로 내려갔다. 진도를 비롯해 완도, 해남, 신안 등 남해안 이곳저곳을 몇 달 동안이나 정처 없이 떠돌아다녔다.

그러던 중 만난 것이 키위였다. 당시 남해안 일대에는 뉴질랜드에서 수입된 키위 묘목이 보급되고 있었다. 1974년부터 진행된 시험 재배가 성공적으로 끝나자 수입상들이 앞다투어 묘목 보급에 나섰던 것이다.

방황 끝에 만난 키위

내가 키위에 관심을 갖게 된 것은 대학 3학년이던 79년부터였다. 그해 실시된 공인감정사 시험에 합격해 취업 부담을 덜게 된 나는 농산물 마케팅에 관한 논문을 준비하고 있었다. 논문을 위해 자료를 모으던 중에 그해 뉴질랜드에서 열린 국제과수세미나 관련 자료를 손에 넣게 되었다.

국제과수세미나는 과수 분야의 세계적 학자들이 모여 과수의 국제 동향과 전망 등에 대해 의견을 나누는 자리였다. 세미나에 참석한 학자들은 2000년대에는 무공해 친환경 재배로 수확한, 영양이 풍부한 과일이 식탁을 지배하게 될 것이라고 전망하면서 대표적인 과일로 키위를 꼽았다.

당시 나는 키위에 대해 아는 것이 별로 없었다. 전공이 농업경제학이라 특정 과수에 대한 지식은 빈약할 수밖에 없었던 데다가 그때까지만 해도 키위는 국내에 없는 과일이었기 때문이다.

세계적 학자들이 2000년대 꿈의 과일로 인정했다는 사실을 알게 되자 키위에 관심을 갖지 않을 수 없었다. 그러나 10·26과 5·18

로 어수선한 시국이 이어지고 급기야 전국의 대학에 4개월의 휴교령이 내려지면서 그 와중에 키위에 대한 관심도 묻혀버리고 말았다. 그런데 남해안을 떠돌아다니다가 다시 키위를 만나게 되었던 것이다.

키위와 직접적인 인연을 맺어준 사람은 바로 둘째 형이었다. 형은 당시 T농산이라는 무역회사에 근무하고 있었는데, 그 회사에서도 키위 묘목을 수입 판매하고 있었다.

T농산의 영업부장으로 묘목 판매를 위해 남해안 지역에 내려와 있던 형은 내게 농학도로서 농촌 실정도 파악할 겸 함께 일해보자고 제안했다.

나는 형의 제안을 받아들였다. 2000년대 꿈의 과일, 키위. 그 키위를 국내에 보급해 농가소득을 높이고 소비자들에게 과일 선택의 폭을 넓혀준다면 농학도로서 뜻깊은 일이 될 것이라는 생각 때문이었다.

나는 형을 도와 묘목 보급을 시작했다. 남해안 일대를 돌아다니며 키위를 소개하고 주문을 받아 묘목을 공급했다. 식재한 농가에는 재배기술과 관리요령을 교육했다. 농학도로서 자부심을 느끼며 즐거운 마음으로 일할 수 있었다.

시련은 꼬리에 꼬리를 물고

그러나 채 3년도 되지 않아 벽에 부딪혔다. 과당경쟁 때문이었다.

묘목 보급이 활기를 띠자 수입상들이 너도나도 뛰어들어 결국 과당경쟁으로 이어졌다. 경쟁이 치열해지자 일부 수입상들이 중부 지역에까지 묘목을 팔았다. 기온이 영하 10도 이하로 내려가면 재배가 어렵다는 키위의 특성은 생각지도 않고 충남은 물론 경기도 지역에까지 마구잡이로 묘목을 팔았다. 농민들 또한 돈벌이에 좋다는 상술에 현혹되어 재배 조건은 따져보지도 않고 주당 6,000원씩 하는 비싼 묘목을 사들여 심었다.

그러자 여기저기서 묘목이 얼어 죽는 사태가 발생했다. 특히 중부지방에서는 묘목의 90%가 동해로 고사했다. 이 때문에 큰 피해를 본 농민들이 집단으로 민원을 제기했고, 이는 결국 사회문제로 확대되었다.

사태가 확산되자 다급해진 정부는 제주도를 제외한 전역을 키위 재배 부적합 지역으로 판정했고, '키위는 우리 환경에 맞지 않으니 업자에게 현혹되지 말라'는 공문을 일선 시·군에 내려보냈다.

그러자 남해안 일대의 농민들까지 사기를 당했다고 아우성을 치기 시작했고, 더 이상 묘목 판매가 어렵다고 판단한 수입상들은 하나둘 자취를 감췄다. 그 때문에 제대로 식재한 농민들조차 키위 묘목을 방치해두게 되었고, 이를 지켜본 주변 사람들은 키위를 '망다래'라 불렀다. '망한 다래'라는 뜻이었다.

내가 일하고 있던 T농산에서도 문제가 발생했다. T농산은 남해안 일대에만 공급했기 때문에 묘목이 동사하는 경우는 거의 없었다.

그런데 82년 장흥군 관산 지역에 공급한 7,000주가 불량 묘목으로 밝혀져 농민들이 집단 반발하는 소동이 벌어졌다. 1년생 묘목을 2년생으로 판매한 것이었다. 그렇게 되자 영업부장으로 현장에서 농민을 상대한 형이 곤경에 처했고, T농산에서는 모든 책임을 형에게 뒤집어씌워 파면시켜버렸다. 형을 도와 묘목을 보급한 나도 농민들에게 지탄의 대상이 되었다.

형은 그동안 보급한 묘목의 사후관리와 독자적인 보급을 위해 삼부무역을 설립했고, 나도 형의 회사에 합류했다.

83년 1월부터 나는 다시 남해안 일대를 돌아다녔다. 농민들을 모아 세미나를 열고 현장교육을 실시했다. 키위야말로 남해안 지역에 가장 적합한 과수임을 설명하고 묘목 주문을 받았다. 연초부터 6개월 동안 심혈을 기울여 3만 주의 주문량을 확보했다.

키위 묘목은 통상 7월에 수입했다. 6월까지의 주문량을 취합해 신용장을 개설하고 한꺼번에 수입하는 방식이었다.

수입을 위해 당연히 자금이 필요했지만 새로 설립된 회사이다 보니 자금이 부족할 수밖에 없었다. 내가 나서서 서울에 있는 세 사람의 지인에게 1억 원을 빌렸다. 묘목을 들여와 나눠주기만 하면

정산이 되는 상황이었고, 그동안 살아오면서 신용을 잃은 적이 없었던 터라 지인들은 차용증도 없이 흔쾌히 돈을 빌려주었다. 그 돈으로 3만 주의 묘목을 수입했다.

그러나 그사이에 생각지도 못한 일이 벌어졌다. 우리가 독립하는 바람에 시장을 잃은 T농산에서 방해공작을 벌인 것이다. T농산은 우리가 단체주문을 받아놓은 농협 등을 찾아다니며 저가공세를 펼치기 시작했다.

우리는 농민들을 모아 세미나도 열고 현장교육도 했다. 그만큼 비용 투자가 많았다. 반면 T농산은 우리가 주문받아 놓은 곳만 찾아다니니 다른 비용이 들지 않았다. 가격 차이가 날 수밖에 없었다.

T농산은 그런 점을 악용해 우리가 계약한 6,000원보다 훨씬 싼 4,500원을 제시했다. 그러면서 우리를 폭리를 취하는 부도덕한 장사꾼으로 몰아붙였다.

우리는 또 다른 묘목과 차별화하기 위해 3년생 묘목을 수입했다. 뉴질랜드에서 보낸 묘목도 3년생이었다. 하지만 조직배양을 통해 3년생과 같은 상태로 육성한 묘목이라 나이테상으로는 3년생이 아니었다. T농산은 이 점도 문제 삼았다. 우리가 폭리를 취하는 것은 물론 묘목의 수령까지 속여 파는 사기꾼이라는 것이었다.

그렇게 되자 단체주문을 한 농협에서 계약을 파기하기 시작했고, 한번 시작된 파기 사태는 걷잡을 수 없이 번져나갔다. 게다가 사기꾼으로 고발당해 도 경찰국에 불려가 조사를 받았다. 결국 수입 묘목은 고스란히 재고로 남았고, 회사는 문을 닫아야 했다.

　설상가상으로 나는 교통사고까지 당했다. 마음이 심란했기 때문인지 해남에서 광주로 가는 도중 가로수를 들이받아 얼굴을 300바늘이나 꿰매는 큰 부상을 당했다. 경찰조사와 세무조사, 회사의 파산, 직원의 배신, 거기에 교통사고까지… 불과 몇 개월 사이에 크고 작은 재앙이 한꺼번에 몰아닥쳤다. 더 이상 나빠질 수 없는 상황이었다.

가장 낙후된 곳으로 가라

38일간의 병상생활은 극한의 상황 속에서도 나 자신을 뒤돌아보는 기회가 되었다. 병상에 누워 지내는 동안 나는 지난 3년을 차분히 뒤돌아보고 앞으로의 일을 생각했다.

묘목 보급을 계속할 수는 없었다. 정부에서 키위에 부적합 판정을 내린 데다가 농민들에게 사기꾼으로 몰려 묘목상들도 자취를 감춰버렸다. 게다가 삼부무역의 파산으로 형은 신용불량자가 되었고, 나는 지인들에게 빌린 1억 원을 고스란히 빚으로 떠안은 상태였다.

지난 3년 키위를 보급해 남해안의 새로운 소득작목으로 만들기 위해 형을 도와 최선을 다했지만 현실의 벽에 부딪혀 더는 어찌할 방법이 없었다. 서울로 올라갈 수밖에 없는 상황이었다.

공인감정사 자격증이 있으니 서울에 가면 감정원 같은 국가기관이나 웬만한 기업에 취업하는 것은 어렵지 않을 것이다, 빚은 조금씩 갚아나가면 된다, 그러니 퇴원하는 대로 서울로 올라가자는 생각이었다.

그러나 그런 생각을 가로막는 것이 있었다. 나와 고락을 함께한 농민들, 나를 믿고 묘목을 구입해 심은 농민들이었다. 그들을 내버려두고 나만 혼자 빠져나가자니 양심에 걸렸다.

진퇴양난이었다. 묘목 보급을 계속할 수도 없고 서울로 올라갈 수도 없었다. 병상에 누워 있는 동안 하루에도 수십 번씩 생각해보았지만 마땅한 방안은 떠오르지 않았다.

키위에 인생을 걸다

고민을 거듭하던 끝에 내가 직접 키위를 재배해보자는 생각이 들었다. 정부에서는 부적합하다고 판정했지만, 남해안의 소득작목으로 키위만한 것이 없다는 내 생각에는 변함이 없었다.

그러니 내가 직접 재배해 실증해 보인다면 지난 몇 년 동안 내가 한 일이 의미를 되찾을 수 있고 농민들에게도 희망과 용기를 줄 수 있을 것이라는 생각이 들었다.

인촌 선생의 말씀이 떠올랐다.

"인생의 진로를 결정할 때에는 가장 첨단을 달리는 곳이나 아니면 가장 낙후된 곳을 우선적으로 고려하라. 그만큼 성공의 여지가 많고 개발의 잠재력이 크다."

젊은이들의 직업 선택에 대해 하셨다는 선생의 말씀이 큰 울림으로 다가왔다.

그러나 정부에서 부적합 판정을 내렸기 때문에 키위 재배는 정부로부터 아무런 지원도 받을 수 없는 상황이었다. 거기에 인생을 건다는 것은 크나큰 모험이 아닐 수 없었다.

나는 검증을 거치기로 했다. 모든 상품이 그렇듯 키위도 판매가 중요하다. 아무리 생산을 잘해도 팔리지 않으면 무용지물이다. 생산만 하면 잘 팔릴 것이라는 확신을 갖기 전에는 섣불리 뛰어들 수 없었다.

다행히 가을이면 3년 전에 식재한 나무에서 몇 개씩 열매가 열릴 테니 그것으로 시장조사를 한 다음에 결정하기로 마음먹었다.

병원에서 퇴원한 뒤, 나는 제일 먼저 나에게 돈을 빌려준 지인들을 찾아갔다. 회사는 문을 닫았고, 앞으로 키위를 재배하기로 한 이상 당장 빚을 갚을 길이 막막했다. 그러나 어떤 식으로든 정리가 필요했다.

"지금 저는 아무것도 가진 게 없습니다. 빌린 돈을 갚을 수 없습니다. 이자도 갚을 수 없습니다. 제가 할 수 있는 것은 벌을 받는 것

뿐입니다. 감옥에 집어넣어도 달게 받겠습니다…"

지인을 만난 자리에서 나는 솔직하게 파산선고를 하고 용서를 빌었다. 그러면서 마음의 다짐을 덧붙였다.

"그러나 시간을 주시면 목숨을 걸고라도 언젠가는 갚겠습니다. 제 일신을 편하게 하면서 돈을 갚지 않는, 그런 사람은 절대로 되지 않겠습니다."

그러자 난리가 났다. 언제까지 갚겠다고 해도 시원찮은 판에, 못 갚는다고 선언을 하니 얼마나 기가 막히겠는가. 울고불고 소리를 지르고 욕을 해대고….

그러나 나로서는 그것이 최선이었다. 갚겠다고 해놓고 약속을 지키지 못하면 더 큰 낭패를 초래할 수도 있으니 힘들더라도 한 번에 털어내야 한다는 생각에서 이를 악물고 수모를 감내했다. 너무나 힘들고 고통스러운 일이었지만 나는 그렇게 하나하나 주변을 정리했다.

그런 다음 3년 전 내게서 묘목을 구입해 심은 농민을 한 분 한 분 찾아다녔다. 성목이 되어가는 나무에는 몇 개씩 열매가 달려 있었다. 그것들을 하나하나 모아 1,000여 개를 마련했다.

그것을 가지고 용산의 청과시장을 찾았다. 그곳에서 10년, 20년씩 과일을 취급한 청과상인들을 만나 시식을 권했다.

당시만 해도 키위는 관광호텔 등에서 한정된 물량만 수입했기 때문에 시장에서는 유통되지 않아 상인들에게도 낯선 과일이었다. 처음 보는 과일을 신중하게 맛본 상인들은 "맛이 괜찮다. 충분히 팔릴 수 있다"라며 긍정적인 반응을 보였다. 수확해 가져오면 모두 자기가 사겠다는 상인도 있었다.

자신감을 얻은 나는 조선호텔과 타워호텔의 주방장을 찾아갔다. 그들에게도 열매를 건네주고 국내에서 생산한 것이니 수입 키위와 맛을 비교해달라고 부탁했다. 국내에서 재배했다는 말에 호기심이 생겼는지 주방장은 천천히 음미해보더니 고개를 끄덕였다. 수입산과 별 차이가 없다는 것이었다.

과일 전문가인 청과시장 상인들과 호텔 주방장들의 반응을 보고 나는 희망을 갖게 되었다.

'그래 한번 해보자. 내 인생 전부를 걸고 도전해보자…'

자신감을 갖고 묘목을 보급하면서 재배 적지라고 생각했던 곳들을 다시 한 번 돌아보았다. 결국 해남을 선택했다. 우장춘 박사가 '금비가 내리는 땅'이라고 했을 정도로 땅이 좋은 데다가 일조량이나 기온, 강수량 등 여러 조건도 키위 재배에 최적이었다. 해남 중에서도 인근에 대흥사와 고산 윤선도 선생의 유적지가 있는 연동리가 마음에 들었다. 서산대사가 3재(災), 즉 화재·수재·병재가 없는 곳이라고 했다는 지역이었다.

조사해보니 그 일대가 모두 고산의 종중 땅이었다. 역사적 인물의 기(氣)가 깃든 곳에서 새로운 일을 시작한다고 생각하니 마음이 뿌듯해지고 기대감도 생겼다.

나는 종중의 종손으로 땅을 관리하고 있는 윤형식 어르신을 찾아가 정중하게 내 생각을 밝히고 땅을 임대해달라고 부탁드렸다. 어르신은 아무 대답 없이 한동안 내 모습만 훑어보더니 천천히 고개를 끄덕이셨다.

"젊은 사람이 뜻을 갖고 농촌에 투신하겠다는데, 도와주지 않을 수 있겠는가."

그렇게 해서 나는 고산 종중의 땅 6,000평을 2004년까지 20년간 장기임대해 키위 재배에 발을 들여놓게 되었다.

비닐하우스 생활 5년 5개월

해남에 자리를 잡은 나는 곧바로 농장 조성에 착수했다.

임대한 땅은 말 그대로 돌밭이었다. 나는 인근에 사는 청년 두세 명을 고용해 함께 농장을 일궜다. 쇠스랑으로 돌을 파내고, 파낸 돌을 리어카로 실어내 길을 만들었다. 돌을 파낸 땅에는 고운 흙을 퍼다 메웠다. 새벽부터 밤늦게까지 돌과 씨름하는 나날이 끊임없이 이어졌다.

농장 조성보다 더 힘든 것은 주변 농민들과의 관계였다. 농민들은 나를 동물원 원숭이 보듯 했다. 내가 서울에서 명문대를 졸업하고 내려왔다는 소문이 퍼지고, 정부에서 부적합 판정을 내린 키위를 재배한다는 사실이 알려지면서 농민들은 더욱 나를 경계하고 백안시했다.

다른 일도 그렇지만 농업은 특히 혼자서 할 수 없다. 농업만큼 협동과 조직화를 필요로 하는 분야도 드물다. 더구나 키위는 이제 막 도입되어 보급이 필요한 과수였다. 내가 키위를 재배하려는 것도 키위가 남해안에 적합한 과수임을 입증해 널리 보급하기 위해서였다.

그런데 농민들과 함께하지 못하고 겉돌기만 해서야 무엇을 제대로 할 수 있겠는가. 농장 조성만큼이나 농민들과의 신뢰 구축이 중요한 문제였다.

농민과 하나가 되다

3년 동안 묘목을 보급하면서 나는 많은 농민을 만났다. 그 경험을 통해 농민들의 의식이나 특성 등을 어느 정도 파악하고 있었다.

먼저 가계와 경영의 구분이 모호하다. 가정생활과 농업활동을 구분하기가 쉽지 않다. 농민 모두가 경영자인 동시에 집안의 가장이니 개성의 차이가 클 수밖에 없다.

또 많은 농민이 피해의식, 열등의식에 사로잡혀 쉽게 마음을 열지 않는다. 아무리 합리적으로 설득해도 교류가 되지 않는 것이다. 특히 그들은 자신과 다른 부류의 사람이라고 생각하면 무슨 이야기를 해도 잘 믿지 않는다.

이러한 특성을 종합해볼 때 농민만큼 다양하고 이질적인 집단도 드물다. 자연 조직력과 결속력이 떨어질 수밖에 없다. 한 곳에 모으기조차 쉽지 않다.

이러한 농민들을 조직화하기 위해서는 내가 밑바닥으로 내려가야 했다. 내가 가장 밑바닥으로 내려가야 이질적인 모든 문제를 해결할 수 있을 터였다.

나는 농장 한쪽에 100여 평 크기의 비닐하우스를 지었다. 그중 50평은 농민교육장을 만들고 나머지 50평을 활용해 숙소와 사무실을 만들었다. 비닐하우스 천막 안에서 먹고 자며 농민들과 동고동락하는 '하우스 인생'을 시작한 것이었다.

나는 600주의 키위 묘목을 심은 다음부터 본격적으로 농민교육에 나섰다. 여러 경로를 통해 키위 재배에 관한 체계적인 교육을 시작한다는 사실을 알리고 필요한 농가는 참석해달라고 부탁했다. 한편으로는 새로 농가를 발굴해 재배를 권하고 묘목을 공급하는 일도 계속했다.

얼마의 시간이 지나자 농민들이 모여들었다. 이곳저곳에서 연락을 받거나 소문을 듣고 찾아온 것이었다.

비닐하우스는 교육하기에 적당한 장소는 전혀 아니었다. 현장실습을 병행하기 위해 주로 여름철에 교육을 하다 보니, 비닐하우스 안이 말 그대로 찜통이었다. 서너 시간 교육을 마치고 나면 옷에서 땀이 뚝뚝 떨어질 정도였다.

교육이 없을 때는 수시로 사랑방 좌담회를 열었다. 찾아오는 농민이 적으면 적은 대로, 많으면 많은 대로 하우스 안의 부엌에 빙 둘러앉아 격의 없이 대화를 나눴다. 막걸리라도 한 잔씩 걸치며 이런저런 이야기를 주고받다 보면 모두가 친구나 형제처럼 허물없이 어울릴 수 있었다.

　그렇게 5년 5개월을 비닐하우스 천막 안에서 동고동락하는 동안 농민들과 진정으로 하나가 되고, 농민들의 뜻과 힘을 한곳으로 모을 수 있었다.

　그렇게 형성된 재배 농민들과의 단합된 힘과 신뢰, 그것이 수입개방을 극복하고 오늘날의 참다래산업을 이룩하는 데 가장 큰 원동력이 되었다.

형님, 저 살아서 돌아왔습니다!

83년 삼부무역의 도산으로 빌린 돈을 갚지 못하게 되었을 때 나는 돈을 빌려준 지인들을 찾아가 파산선고를 했다. 그러면서 그들에게 '지금은 돈이 없어 갚을 수 없지만, 시간을 주면 목숨을 걸고 언젠가는 반드시 갚겠다'고 약속했다.

키위는 묘목을 심어 열매를 수확하기까지 많은 시간이 걸린다. 최소한 4~5년은 기다려야 한다. 성공을 장담할 수 있는 것도 아니다. 어떻게 해야 돈을 벌어 빚을 갚을 수 있을까…. 해남으로 내려와 키위 재배를 시작한 뒤에도 빚은 언제나 가슴 한 켠에 큰 짐으로 남아 있었다.

그러던 중 생각지도 못한 곳에서 기회가 찾아왔다.

나름대로 열심히 공부를 하고 시작했지만, 키위 재배는 처음부터 난관에 부딪혔다. 농장을 조성하고 심은 묘목 600주 중에서 100여 주가 말라 죽은 것이었다.

원인을 찾아보니 휴면기 없이 식재했기 때문이었다. 키위는 연간 1,100시간의 휴면기가 있어야 한다. 그러나 남반구인 뉴질랜드에서 북반구인 한국으로 오면서 그것을 건너뛴 것이다. 겨울을 맞아 휴면기에 들어가던 묘목이 우리나라에서 곧바로 봄을 맞게 되자 제대로 적응하지 못한 것이었다.

원인을 알고 나니 더 난감했다. 사람의 힘으로 어떻게 할 수 없는 자연조건이었다. 언제 어디서 또 묘목이 말라 죽을지 알 수 없었다.

그런데다 수입 묘목은 너무 비쌌다. 뉴질랜드에서 들여오는 물류비용을 고려하면 이해가 되기는 하지만, 농민 입장에서는 부담이 클 수밖에 없었다.

이러한 문제점을 개선하는 길은 국내에서 묘목을 생산하는 것뿐이었다. 말라 죽은 묘목을 볼 때마다 나는 묘목 생산을 생각했다. 키위 재배와 농민교육에 열중하는 한편으로 관련 정보를 꾸준히 수집했다.

그러던 중 김기선이라는 사람이 키위의 실생묘를 개발했다는 정보를 입수했다. 실생묘는 씨앗을 뿌려 1년 동안 키운 묘로, 거기에 헤이워드라는 품종을 접목시키면 수입산을 대체할 묘목을 생산할 수 있었다.

그러나 이미 정부에서 부적합 판정을 내린 뒤라 판매가 어려워지자 저렴한 가격에 처분하려 한다는 것이었다. 나는 그 소식을 듣고 김 씨를 찾아가 3만 주를 구입했다.

구입한 실생묘를 친분이 있는 대한종묘 장형태 사장에게 넘겼다. 내 사정을 잘 알고 있는 장 사장은 비교적 저렴한 가격에 묘목 생산을 맡아주었다.

84년에 시작해 85년에는 2만 5,000주의 묘목을 생산했다. 국내 환경에 맞춰 생산된 건강한 묘목이었다. 수입 묘목과 비교해 가격 경쟁력도 높았다.

농민교육에 힘쓰는 한편으로 나는 재배를 희망하는 농가에 묘목을 판매했다. 수입 묘목보다 저렴한 가격에 판매해 농민들의 부담을 덜어주는 한편, 적지 않은 돈을 벌 수 있었다. 국산 묘목 개발이 가져온 수확이었다.

수중에 돈이 모이는 대로 나는 빚 청산에 나섰다. 파산선고 3년째인 86년, 제일 먼저 최 선배를 찾아갔다. 동서가 집 사려고 모아둔 돈을 빌려준 선배였다.

선배는 서울에서 조그만 가내공장을 운영하고 있었다. 연락도 없이 나타난 나를 보자 선배는 대뜸 욕부터 했다.

"야, 이 새끼야! 여긴 뭐하러 왔어? 빚도 못 갚는다고 하고 간 놈이 여긴 뭐하러 와? 또 누굴 죽이려고 왔어!"

선배는 3년 동안 쌓인 분을 삭이지 못하는 듯 버럭버럭 소리를 내질렀다.

그러나 나는 그저 반갑기만 했다.

"형님! 저 살아서 돌아왔습니다!"

일부러 큰소리를 치고 주머니에서 봉투 두 개를 꺼냈다. 하나는 빌린 돈 3,000만 원이고, 또 하나는 3년 동안의 이자 2,700만 원이었다.

내가 봉투를 드리자 선배 부인이 낚아채듯 집어들고 부엌으로 달려갔다. 이내 서럽게 흐느끼는 소리가 들려왔다. 선배는 눈물을 글썽이며 나를 와락 끌어안았다. 선배의 뜨거운 눈물이 가슴으로 전해져왔다.

3년 전 내게 빌려준 돈 때문에 부인과 이혼 직전까지 간 선배였다. 그런데 내가 돈을 들고 나타났으니….

최 선배를 시작으로 87년까지 빌린 돈 1억 원과 이자를 모두 갚을 수 있었다. 온몸을 짓누르던 빚의 굴레에서 벗어난 해방감과 홀가분함. 그때 그 기분을 나는 지금도 잊을 수 없다.

전라도 노총각과 경상도 처녀의 만남

빚을 갚기 시작한 86년, 나는 다소 기이한 인연으로 한 여자를 만나게 되었다.

볼일이 있어 서울에 올라간 김에 영규라는 친구와 만나기로 약속을 잡았다. 시간에 맞춰 약속장소로 나가니 영규는 없고 메모가 나를 기다리고 있었다. 바쁜 일이 생겨 자기는 못 나오고, 대신 자기 친구를 보냈으니 만나서 얘기나 나누라는 내용이었다. 조금 있으니 그 친구가 나타났다. 그렇게 해서 생면부지의 두 사람이 함께 술을 마시며 이런저런 이야기를 나누게 되었다.

교사였던 그 친구는 사업에도 관심이 많아 내 얘기에 흥미를 느끼는 것 같았고, 나도 활달하면서도 진지한 그의 성격이 마음에 들었다. 우리는 처음 만났는데도 불구하고 밤을 새워가며 많은 이야기를 나눴다.

다음 날 함께 아침밥을 먹던 중 결혼 이야기가 나왔다. 이미 결혼을 해서 초등학교에 다니는 아들을 둔 그 친구는 내가 아직 총각이라고 하자 의아한 눈으로 쳐다보며 정말이냐고 재차 확인했다.

"잘됐네. 영어도 잘하고, 너한테 딱 어울리는 여 선생이 있어. 내가 소개해줄게."

내가 좋다고 하자 그는 곧바로 어딘가에 전화를 걸었다.

엉겁결에 그를 따라 약속장소에 가니 한 여자가 영문도 모른 채 나와 있었다. 같은 학교 교사인 최경선이라는 여자였다. 나는 그렇게 인생의 배우자가 될 여자를 만났다.

그러나 우리의 만남은 순탄치 못했다. 집안의 반대 때문이었다. 어느 정도 예상은 했다. 어느 모로 보나 부족할 게 없는 딸을, 저 멀리 땅끝마을에서 농사짓고 있는 서른넷의 노총각에게 흔쾌히 시집보낼 부모가 어디 있겠는가.

그런데다 나는 전라도 남자요, 그녀는 선산이 고향인 경상도 여자였다. 나이는 많고 직업은 시원찮아 보이는 데다가 출신 지역까지 문제가 되었던 것이다. 그녀의 집안에서는 도저히 받아들일 수 없다며 극구 반대였다.

특히 농촌진흥청에 근무하는 오빠의 반대가 심했다. 정부에서 부적합 판정을 내린 키위를 재배해 농업을 살리겠다는 남자를 어떻게 믿을 수 있겠냐, 사기꾼인지 모르니 호적초본이라도 떼어봐라….

집안의 반대가 워낙 거세자 그녀도 한발 물러섰다. 가족들의 반대를 무릅쓰고 결혼할 만큼 용기가 없다는 것이었다.

나는 마지막으로 그녀의 마음을 확인했다.

"당신이 싫다면 물러나겠소. 그러나 집안의 반대 때문이라면 내게 맡겨주시오."

나는 그녀의 아버님과 오빠에게 장문의 편지를 썼다. 왜 내가 이렇게 살고 있는지, 어떤 목표를 가지고 있는지, 앞으로 어떻게 살 계획인지를 자세히 설명하고 직접 찾아뵙겠다는 말씀을 덧붙였다.

87년 3월 20일. 나는 비장한 각오를 하고 그녀의 집을 찾아갔다. 그러나 집안 분위기는 이미 바뀌어 있었다. 내 편지를 읽고 마음이 움직였던 것이다.

그런 우여곡절을 거쳐 우리는 만난 지 1년 반 만에 부부의 연을 맺었다. 마음을 짓누르던 빚을 완전히 청산하고 난 다음이었다.

신뢰를 얻기 위한 7년간의 투자

"여러분은 신뢰를 얻기 위해 얼마나 투자하고 있습니까?"

지방자치단체나 기업체 초청을 받아 강연을 하게 되면 나는 종종 그런 질문을 던진다. 그럴 때마다 청중들은 의아한 표정으로 나를 주시한다. 그 표정에는 반문의 의미가 담겨 있다. '신뢰를 위한 투자라니요? 신뢰에도 투자가 필요합니까?'

그렇다. 신뢰는 타고나는 것도 아니요, 저절로 얻어지는 것도 아니다. 많은 노력과 투자의 대가로 성취하는 결과물이다. 나는 그것을 몸으로, 뼈저리게 배웠다.

명 사장과의 질긴 악연

참다래유통사업단을 설립하면서 나는 사업장을 설치할 건물을 물색했다. 선별장과 저온창고 등 필요한 시설을 갖추기 위해서는 최소한 300여 평의 공간이 필요한데, 해남에서 그만한 건물을 찾기가 쉽지 않았다.

고민에 고민을 거듭하고 있던 어느 날, 농협 군지부에서 차장으로 근무하고 있는 선배에게서 연락이 왔다. 마땅한 건물이 있다는 것이었다. 화산면에 있는 명광식품이라는 식품회사의 창고인데, 위치도 괜찮고 건물도 마음에 들었다. 선배는 명광식품이 부도가 나 융자금을 갚지 못하는 바람에 확보한 물건이라며 내가 원한다면 수의계약으로 넘기겠다고 했다. 확인해보니 마치 나를 위해 마련된 물건처럼 보였다. 나는 곧바로 총 1억 5,000만 원을 5년 분할로 지불하기로 약정하고 계약금으로 1,500만 원을 지불했다.

그런데 얼마 지나지 않아 우람한 체격의 한 사내가 나를 찾아왔다. 내가 산 건물의 원주인이라는 사내는 다짜고짜 내게 포기하라고 협박했다.

"부도가 나서 넘기긴 했지만, 피땀이 어린 내 창고다. 어떤 놈도 가져갈 수 없다. 그런데 객지 놈이 와서 가져가겠다구? 한 달 안에 내놓지 않으면 제 명대로 살지 못할 테니 알아서 해!"

그가 돌아간 뒤 나는 그에 대해 자세히 알아보았다. 그는 부도난 명광식품의 명 사장이라는 사람으로, 해남에서는 알아주는 '토호세력'이었다. 그는 형이 안기부에 근무한다는 것을 믿고 군청을 비롯한 관공서를 제집처럼 드나들며 행세를 하고 있었다. 그래서 농협에서 그 건물을 경매에 부쳤지만 아무도 입찰할 엄두를 내지 못하던 중 수의계약으로 내게 넘어왔던 것이다.

돌려주는 것이 좋을 듯했다. 나는 그와 반환조건을 협의했다. 그 결과 농협에 지급한 계약금과 배상금을 합쳐 3,000만 원을 한 달 내에 가져오면 그가 내세운 대리인에게 돌려주고, 그렇지 못하면 더 이상 반환 주장을 하지 않기로 합의했다.

그러나 한 달 내에 3,000만 원을 지급하기로 한 대리인은 명 사장과의 관계가 잘못되어 약속을 이행할 수 없다고 통보해왔다.

나도 선택의 여지가 없었다. 이번 수확철에 사용할 저온창고가 꼭 필요했기 때문에 더 이상 시간을 늦출 수가 없었다. 기간이 되어 농협에 중도금을 지급한 나는 점유사용권을 얻어 본격적으로 내부공사를 시작했다.

그러자 명 사장이 공사를 방해하고 나섰다. 농협에 얘기를 하고 화산지서에 신고도 했지만, 소용이 없었다. 당시는 군사독재시대였다. 안기부에 근무한다는 형을 믿고 배짱을 부리는 그를 관공서에서도 어찌하지 못했다.

난감했다. 그렇다고 적법한 절차에 따라 매입하고 중도금까지 지불한 건물을 포기할 수는 없었다. 그렇게 되면 해남에서의 사업을 전부 포기하는 셈이었기 때문이다.

막다른 상황에 내몰린 나는 밤을 꼬박 새워가며 난관을 타개할 '특단의' 전략을 마련했다.

90년 8월 18일. 나는 세 명의 직원을 불러 각각 특별 임무를 부여한 뒤 명 사장에게 공장에서 만나자고 연락했다.

'포기라도 한 것인가' 하는 생각에 명 사장은 잔뜩 기대하고 나타났지만 나는 '작전계획'에 따라 여느 날과 다름없이 작업을 계속했다. 그러자 열이 받친 그는 내 멱살을 잡아 흔들며 폭력을 쓰기 시작했다. 나도 지지 않고 맞섰다. 그러자 패거리들까지 웃통을 벗고 달려들었다. 주위의 신고를 받고 화산지서에서 경찰이 출동했지만, 경찰도 그들을 제지하지 못했다. 오히려 그들의 눈치를 보면서 우리를 밀어붙였다.

그러는 사이 내 지시를 받은 직원들이 나타나 사진을 찍고 녹음도 했다. 나는 충분히 증거를 확보한 뒤 해남경찰서에 연락했다. 밀고 당기면서 사투를 벌이는 사이에 해남경찰서에서 권총까지 손에 든 경찰들이 들이닥쳤다. 그제야 싸움이 진정되었다. 오전 10시부터 정오까지 두 시간가량 무법천지가 되었던 것이다.

며칠 뒤 나는 해남경찰서를 찾아갔다.

"이걸로 치안본부에 올라가 기자회견을 하겠습니다! 명 사장이 자기 형님을 믿고 어떻게 난동을 부렸는지, 경찰이 얼마나 일방적으로 그를 비호했는지 낱낱이 밝히겠습니다!"

나는 가지고 간 사진을 보여주고 녹음한 내용을 들려주며 큰 소리로 몰아붙였다. 사진에는 명 사장이 폭행하는 것은 물론 경찰이 노골적으로 그를 비호하는 모습까지 그대로 드러나 있었다.

내가 강경하게 나가자 당황한 것은 경찰이었다. 강력계장이 중심이 되어 나를 말리며 화해를 유도했다.

화해 과정에서도 나는 긴장을 늦추지 않았다. 그날 일로 내가 병원에서 3주 진단을 받자 어디서 자해를 하고 왔는지 똑같이 3주 진단을 받아온 사람이 명 사장이었다. 선악을 떠나서 상황대처 능력이 뛰어난 사람이었다. 이번 일이 잘 마무리된다 해도 앞으로 또 어떤 공작을 벌일지 알 수 없었다. 혹시라도 선별기나 저온창고 제어기에 모래라도 갖다 뿌린다면 그 피해는 감당하기 어려울 것이었다.

더구나 창고에는 아직도 명광식품의 물건이 절반 이상의 자리를 차지하고 있었다. 그는 창고에 숨겨둔 3,000만 원의 어음이 없어졌다는 이유로 창고를 비우라는 농협의 요구를 묵살하고 있었다. 그로 인해 농협에서는 명도소송을 진행하고 있었다.

강경책만으로는 근본적인 해결이 어렵다는 것을 인식한 나는 강력계장을 통해 대안을 제시했다. 창고에 들어 있는 물건을 깨끗이 정리하고 건물에서 완전히 손을 떼면 잃어버렸다는 어음 3,000만 원을 내가 현금으로 지급하겠다고 했다.

그렇게 되면 농협으로서는 명도소송이 필요 없게 되고 나로서는

300평의 창고를 온전히 사용할 수 있었다. 온전히 사용해서 1년만 경영해도 3,000만 원보다 더 큰 성과를 거둘 수 있었다. 명 사장에게도 금전적인 이득과 함께 물러설 수 있는 명분이 될 것이었다. 특단의 전략을 마련할 때 나는 이미 그 부분까지 생각하고 있었다. 결과적으로 그 전략이 맞아떨어져 사태를 완벽하게 해결할 수 있었다.

그때부터 나는 본격적으로 유통센터 건립에 착수했다. 참다래유통사업단의 전진기지이자 수입개방 극복의 터전이 된 유통센터는 이런 우여곡절 끝에 탄생한 것이었다.

악연에서 소중한 인연으로

그렇게 창고 사건은 일단락되었지만 명 사장과의 악연은 끝나지 않았다. 94년 지방자치제가 시행되면서 그가 군의원 선거에 출마해 당선된 것이다. 그러자 크고 작은 일로 나와 마주치게 되었고, 그때마다 그는 내가 하는 일에 트집을 잡고 나를 걸고넘어졌다.

93년 문민정부가 출범하면서 참다래유통사업단은 농산물 유통의 성공모델로 인정되었고, 이로 인해 94년 22억 원의 정책자금을 지원받게 되었다. 다만 군에서 3억 원을 함께 지원하는 조건이 붙어 있었다.

군에서도 마다할 리 없었다. 관내의 농업조직이 정부 지원 대상으로 선정되면 적극적으로 도와주는 것이 지자체의 도리요 역할이었다. 그런데 명 사장이 반대하고 나섰다. 그가 "내 목에 칼이 들어오기 전에는 지원하지 못한다"고 버티는 바람에 군비 3억 원이 반영되지 않았고, 그 때문에 우리는 정부 지원금 22억 원을 받지 못할 처지가 되었다.

그에게 찾아가 계획을 설명하고 사정을 했지만 이미 엎질러진 물이었다. 최후의 방법으로 도지사를 찾아가 매달렸지만, 추경예산에도 반영되지 못했고, 천신만고 끝에 연말의 정리 추경으로 해결할 수 있었다.

그 외에도 그는 수년 동안 사사건건 나를 붙들고 늘어졌다. 그래도 나는 평상심을 갖고 그를 대했다. 명절 때마다 참다래와 고구마를 선물하며 감사의 뜻을 전했다. 그가 어떤 반응을 보이든 상관하지 않고 명절 때마다 반복했다.

그렇게 7년이 지났을 무렵 그의 부친이 돌아가셨다는 소식을 들었다. 그와의 악연을 풀 기회가 온 것이다. 나는 장례 절차가 끝나기를 기다려 장지로 찾아갔다. 돌아가신 부친의 무덤에 두 번 큰절을 하고 그와 마주앉았다.

"명 사장님께서 이룩해놓은 명광식품이 있었기에 시장개방의 위기 속에서도 참다래가 살아났습니다. 항상 감사한 마음을 간직하고 있습니다. 이제 그만 노여움을 푸시죠? 아버님께서도 그걸 바라지 않겠습니까?"

내가 먼저 사과하고 손을 내밀었다. 그러자 그도 내 손을 마주 잡고 눈물을 흘렸다. 그렇게 나는 명 사장과 화해했다. 악연이 시작된 지 7년이 지난 뒤였다.

그날부터 명 사장은 내 지지자가 되었다.

"7년 동안 내가 그렇게 괴롭혔는데도 싫은 소리 한 번 안 한 사람이다. 우리와는 다른 사람이다. 정말 대단한 사람이다…"

그가 주위 사람들에게 그렇게 말한다는 이야기가 돌고 돌아 내 귀에까지 들려왔다. 7년 동안의 묵묵한 투자가 악연을 소중한 인연으로 바꿔준 것이었다.

도전 3

위기는 새로운 기회

위기(危機)라는 말 속에는 위험(危險)과 기회(機會)가 함께 들어 있다. 실패하는 사람은 위기 속에서 위험을 보지만, 성공하는 사람은 같은 위기 속에서도 기회를 본다. 위험을 보는 사람에게는 위험이 오고, 기회를 보는 사람에게는 기회가 온다. 그것이 세상의 이치다.

수입개방의 위기에 좌절하지 않고 그것을 기회로 만들겠다는 의지와 신념이 오늘날의 참다래 산업을 만든 것이다.

마른하늘의 날벼락

어떻게 이런 일이….

신문을 보고 있던 나는 눈앞이 아찔했다. 몽둥이로 얻어맞은 것처럼 머릿속이 몽롱해졌다. 혹시 잘못 본 게 아닐까. 정신을 가다듬고 다시 신문을 들여다보았다. 아니었다. 친절하게 도표까지 만들어 표시한 대상 품목에는 분명히 키위가 포함되어 있었다.

1989년 4월 8일, 정부는 농산물 시장개방 예시품목을 발표했다. 올림픽을 계기로 대한민국의 국격이 높아지고 무역에서도 100억 달러가 넘는 흑자를 기록했다. 그러자 농산물에 대해서도 시장개방 압력이 거세게 불어닥치기 시작했다. 이에 따라 정부는 90년부터 92년까지 243개 농산물을 단계적으로 개방한다고 발표했다.

그런데 거기에 키위가 포함되어 있었다. 개방 시기도 이듬해인 1990년 1월 1일부터였다. 국내에서 노지 재배할 수 없는 바나나나 파인애플보다도 먼저 개방한다는 이야기였다.

게다가 키위를 엽연초, 바나나, 파인애플 등과 함께 경쟁력이 없는 전환작목으로 선정했으니 농가에서 작목을 바꾸면 단보당 33만 원을 융자 지원한다는 것이었다.

키위는 80년대 초에 식재한 묘목이 자라나 본격적인 수확을 막 시작한 걸음마 단계였다. '망다래'라는 오명에서 벗어나 남해안의 소득작목으로 성장하고 있었다. 그런데 시장개방이라니? 마른하늘의 날벼락이었다.

경쟁력 없으니 무조건 포기하라고?

키위는 국내에 보급된 지 10년이 채 되지 않았고, 시장규모도 작았다. 1988년 기준으로 전국 2,600여 농가에서 500헥타르를 재배하고 있으며, 연간 생산량 1,500톤에 매출규모도 20억 원대에 불과했다. 국내산 키위에 대한 소비자들의 인식도 미미해 미국이나 뉴질랜드 키위와는 경쟁이 되지 않았다. 외국 키위가 수입되면 국내 시장이 잠식당할 것은 불을 보듯 뻔했다.

구체적인 수치를 검토해보면 차이는 더욱 두드러진다. 먼저 생산 원가에서 차이가 크다. 뉴질랜드나 미국의 생산원가가 킬로그램당

500~600원인 데 비해 우리는 1,500원 선이다. 1만 5,000평 대 600 평이라는 농가당 평균 재배면적을 고려하면 생산비 절감을 통해 원가 차이를 극복하는 것은 불가능에 가깝다.

품질도 수출국에 미치지 못한다. 그들과 경쟁할 수 있는 상품(上品)은 전체 생산량의 10%에 불과하다.

유통기반 또한 마찬가지다. 우리는 창고도 없고 선별기도 없다. 그저 육안으로 선별해 도매시장에 출하하는 것이 고작이다. 이에 비해 수출국들은 저온창고와 선별기 등 모든 유통시설을 완벽하게 갖추고 있다. 일정 기간 저온창고에 저장해두고 물량을 조절하며 판매한다.

모든 면에서 경쟁이 되지 않았다. 우리가 나은 점이라곤 아무것도 없었다. 그러니 키위를 개방품목에 포함시키고 전환작목으로 선정한 정부의 정책은 어쩌면 당연한 것인지도 몰랐다.

하지만 그건 어디까지나 정부의 입장이었다. 재배 농민에게는 아닌 밤중에 홍두깨요 마른하늘의 날벼락이었다. 나를 비롯한 2,600여 재배 농가는 지난 5~6년간 묘목 재배에 모든 것을 쏟아부었다. 이제 겨우 성목을 만들어 본격적인 수확을 시작한 상태였다. 그런데 시장개방이라니? 우리에게는 한마디 말도 없이 정부 임의대로 시장을 개방하고, 경쟁이 안 되니 뽑아버리라니? 이렇게 무책임한 경우가 어디 있단 말인가.

키위를 뽑아내고 다른 작목을 심으면 지원해주겠다는 정부의 정책 또한 어처구니없기는 마찬가지였다.

키위 묘목을 심어 열매를 수확하기까지 투자비용은 단보당 약 300만 원이다. 그런데 10%에 불과한 33만 원을, 그것도 연리 5%로 융자해줄 테니 작목을 바꾸라니.

시간이 지날수록 불안에 떠는 농민들의 전화가 쉴 새 없이 울렸다. 다급한 마음에 직접 찾아오는 농민들도 한둘이 아니었다.

나라고 뾰족한 방법이 있을 리 없었다. 동요하지 말고 침착하게 대응책을 찾아보자고 설득했지만, 불안한 마음에 잠을 이룰 수 없었다.

바로 내년 1월 1일부터 개방이다. 시간이 없었다. 기껏해야 8개월이 남아 있을 뿐이었다. 그런 상황에서 무엇을 어떻게 준비하고 대처한단 말인가.

새로운 인생의 멘토, 이순신 장군

　해남에 정착한 이후 나는 마음이 울적하거나 답답할 때면 가까운 울돌목을 찾았다.

　울돌목. 해남과 진도 사이의 좁은 바다를 바닷물이 계곡처럼 굽이치며 흐르는 곳으로, 급류가 흐르면서 서로 부딪쳐 우는 소리가 난다 해서 붙여진 이름이라고 한다. 임진왜란 당시 이순신 장군이 12척의 배로 133척의 왜적을 물리친 명량대첩의 격전지가 바로 이곳, 울돌목이었다.

　그 때문일까? 진도대교 위에 서서 울돌목을 바라보고 있으면 답답한 가슴이 탁 트이며 위안을 받곤 했다.

　시장개방이라는 이 초유의 상황을 어떻게 극복해야 하나? 아무리 생각해도 해법을 찾지 못한 나는 또다시 울돌목을 찾았다. 진도대교의 난간을 붙잡고 서서 세차게 굽이치는 울돌목의 물결을 하염없이 바라보았다.

얼마나 그러고 있었을까? 물결 위로 누군가의 모습이 눈앞에 선명하게 떠올랐다. 400여 년 전 바로 이곳에서 12척의 배로 133척의 왜적을 물리친 이순신 장군이었다. '전선(戰船)도 없고 병사도 없으니 수군을 폐하고 육군에 합류하라'는 임금의 교지에 '12척의 배가 남아 있다'며 포기하지 않았던 장군, '생즉사, 사즉생'을 외치며 병사들을 독려하는 장군, 울돌목의 지형을 이용해 10배가 넘는 왜적을 일망타진하는 장군의 용맹스러운 모습이었다.

그 순간 한 가지 생각이 번개처럼 머리를 스쳤다.

'그래, 사즉생이다. 한번 해보자. 장군에게 12척의 배가 남아 있었다면 내게는 동고동락하는 300여 농민 동지들이 있다. 사즉생의 각오로 똘똘 뭉쳐 뜻과 힘을 하나로 모으면 이겨낼 수 있지 않겠는가!'

명량대첩은 어떻게 가능했나

그때부터 나는 장군에 대해 공부하기 시작했다. 불가능한 승리를 이끌어낸 명량대첩의 원동력을 여러모로 연구했다.

그 결과 어떠한 상황에서도 포기하지 않는 불굴의 의지와, 병사는 물론 백성들까지 하나로 묶는 통합의 리더십이 기적을 만들어 낸 원동력이라는 결론에 도달했다.

백의종군하던 몸으로 다시 삼도수군통제사를 제수받았을 때 장군에게는 아무것도 남아 있지 않았다. 병사도 없고 전선도 없었다. 기껏해야 칠천량전투에서 도망친 배설이 숨겨놓은 12척의 배가 남아 있을 뿐이었다. 오죽했으면 선조 임금마저 수군을 폐하고 육군에 합류하라는 교지를 내렸을까.

그러나 장군은 포기하지 않았다. 흩어진 병사들을 모으고 백성들을 끌어안았다. 12척의 전선을 수리하고 군량미를 확보했다.

그 과정에서 장군은 모든 사람들을 한결같이 대했다. 양반, 상민은 물론 천민까지도 차별하지 않았다. 그랬기에 모두가 장군을 믿고 따랐으며, 장군과 생사를 함께하는 것을 영광으로 여겼다.

그 바탕에는 신뢰가 있었다. 일생을 통해 견지한 구국의 일념, 위기에 빠진 나라를 구하겠다는 장군의 신념을, 병사들은 물론 백성들까지 믿고 따랐다. 장군이 보여준 투명하고 공정한 일처리, 어떤 상황에서도 일관성을 견지한 장군의 행동이 그것을 가능하게 했다.

장군은 모든 일에 솔선수범했다. 백성과 같은 음식을 먹고, 병사와 같은 생활을 했다. 백성의 아픔을 함께 아파했고, 병사의 고통을 함께 고통스러워했다. 사즉생의 정신도 앞장서서 실천했다. 상황이 변하고 여건이 달라져도 장군의 행동은 조금도 달라지지 않았다.

그랬기에 병사들의 신뢰를 얻을 수 있었고, 백성들의 존경을 받을 수 있었다. 모두의 뜻과 힘을 하나로 모을 수 있었고, 결국 명량 대첩의 기적을 만들어낼 수 있었다.

장군에게서 교훈을 얻은 나는 새롭게 각오를 다졌다. 불굴의 의지와 통합의 리더십이었다. 신뢰를 통해 농민들을 하나로 모으고 사즉생의 정신으로 맞서 끝까지 싸우자고 스스로를 무장했다.

그런 다음 키위를 재배하는 도내 각 지역의 대표농민들에게 연락해서 회합의 자리를 마련했다.

전국키위농민협회를 창립해 시장개방을 극복하는 3년여의 대장정은 그렇게 시작되었다.

3천 농민의 뜻을 하나로

시장개방이 발표되고 50여 일이 지난 5월 29일 전남 지역 대표 농민 400여 명이 해남 군민회관에 모였다. 시장개방에 대한 대응책을 마련하기 위한 자리였다.

그 자리에서 결성된 수입개방대책위원회에서 위원장으로 추대된 나는 대책위의 활동 방향으로 '주체적 창조운동'을 제시했다.

키위는 기껏해야 20억 원대 시장이었다. '시장개방을 철회하라'며 반대투쟁을 벌인다고 해서 이미 발표된 정부 정책이 바뀔 리 없었다. 정부나 농민 모두에게 상처만 주는 소모전이 될 뿐이었다. 밀려오는 외국 키위 앞에서 내부 분열을 일으키는 것밖에 되지 않았다.

그러한 판단에서 나는 '주체적 창조운동'을 제시했다. 재배 농민 스스로 주체가 되어 외국 키위와 맞서 싸우자는 것이었다. 정부에는 그런 우리의 노력을 지원하고 뒷받침해달라고 요구하자는 것이었다.

구체적인 실천방법으로 3개항의 자체 결의안을 채택하는 한편, 정부에 대한 5개항의 건의사항을 정리했다. 첫째가 작목 전환을 백지화하고, 오히려 수출전략품목으로 선정해달라는 것이었다. 다음으로 관정시설, 스프링클러, 저온창고 등 품질 향상을 위한 시설 지원 확대와 전문기술 지도를 건의했다.

지금도 그렇지만 당시에도 '시장이 개방되면 농사를 그만둘 수밖에 없다'며 결사항전을 외치는 것이 농민운동의 전형이었다. 하지만 우리는 '개방 철회'라는 말을 한 번도 입에 올리지 않았다. 농민 스스로 품질을 높이고 유통을 개선해 맞서 싸우겠다며, 그런 노력을 지원하고 뒷받침해달라고 요구한 것이다. 정부를 투쟁의 대상이 아니라 지원군이자 서포터로 인식한 발상의 전환이었다.

나는 이 건의사항에 대해 농민들의 서명을 받았다. 대책위의 입장을 농민들에게 전달해 공감과 동참을 이끌어내는 한편, 재배 농민들의 단합된 뜻을 정부에 알리기 위해서였다.

생각지도 못한 개방 발표로 실의에 빠져 있던 농민들은 대책위 활동에 적극적으로 동참했다. 한 달도 되지 않아 도내 2,300여 재배 농가가 연대 서명했다. 전국의 키위 농가가 3,000여 호인 것을 감안하면 거의 모든 농가가 참여한 셈이었다.

연대서명서를 가지고 나는 과천에 있는 농수산부를 찾아갔다. 담당자를 만나 전달하고 농민들의 뜻을 수렴해 정책에 반영해달라고 요청했다.

그러나 얼마 후 내려온 답변서는 실망스럽기 그지없었다. 가타부타 분명한 대답은 없고 두루뭉술 변죽만 울리는 내용이었다. 몇 번을 읽어봐도 어떻게 하겠다는 것인지 종잡을 수 없었다. 다시 진정서를 보내 분명한 답변을 촉구했지만 매한가지였다. 아까운 시간만 허비할 뿐, 달라지는 것은 아무것도 없었다.

나는 장관과의 면담을 추진했다. 농정의 최고 책임자인 김식 장관과 담판을 벌여 해결할 수밖에 없다고 판단한 것이다.

장관을 만나기는 쉽지 않았다. 세 번이나 신청했지만 세 번 모두 거절당했다. 장관실로 찾아가 10시간 이상 버티고 기다려도 만날 수 없었다.

어떻게 해야 만날 수 있을까?

뜬눈으로 하얗게 밤을 지새우며 고민에 고민을 더했다. 새벽닭이 울 무렵 마침내 한 가지 아이디어가 떠올랐다. 김식 장관이 전남 강진에 지역구를 둔 지구당위원장이라는 점을 이용하자는 것이었다.

강진에도 200곳이 넘는 키위 농가가 있었다. 정치인에게는 표보다 중요한 것이 없었다. 그래서 그분들의 표를 부각시키며 지구당을 통해 면담을 요청했다.

그러한 전략이 주효해 마침내 장관과 대면할 수 있었다. 장관과의 만남에서 나는 사즉생의 각오로 나선 재배 농민들의 뜻과 의지를 전달하고, 건의서 내용대로 지원해달라고 요청했다.

피해 당사자인 농민들이 스스로 힘을 키워 시장개방을 극복하겠다고 한다. 도와주지 않을 장관이 있겠는가? 장관은 그 자리에서 담당국장을 불러 모든 것을 원점에서 재검토하라고 지시했다.

장관의 지시는 즉각적인 효과로 나타났다. 그날로 농촌진흥청장이 해남의 키위 재배 현장을 방문하는 등 부산하게 움직이더니, 두 달이 지나지 않아 키위는 성장작목으로 바뀌었다. 그리고 1년이 지난 1991년 1월, 키위는 농촌진흥청에서 선정한 13개 수출전략품목에 포함되었다. 시장개방 발표 당시 전환대상이었던 키위가 1년 반 만에 수출전략품목으로 탈바꿈한 것이다.

지역 조직을 전국 조직으로

수입개방대책위원회가 재배 농민들을 하나로 모으는 데 큰 역할을 하기는 했지만, 대책위 활동에는 한계가 있었다.

전남이 주산지이기는 하지만, 키위는 경남 남해안이나 제주 지역에서도 많이 재배되고 있다. 그런데 대책위원회의 구성이나 활동이 전남을 중심으로 이루어지다 보니 지역적인 문제로 취급되는 경향이 있었다. 그렇기 때문에 전국의 키위 재배 농가가 모두 참여하는 전국 조직이 필요하다는 생각이 들었다.

뿐만 아니라 특정 사안에 대한 한시적인 조직이 아니라 재배 농가의 권익을 보호하고 생산활동을 뒷받침할 상설 조직도 필요했다.

대책위원회에서는 그러한 시대적 요구에 부응, 대책위를 확대 개편해 전국키위농민협회를 창립하기로 의견을 모았다. 아울러 대대적인 창립행사를 개최해 전국적으로 협회의 존재를 알리고 재배 농민들의 자긍심을 높여주자는 데도 의견을 같이했다.

1989년 12월 22일 광주 실내체육관. 전국에서 키위를 재배하는 3,000여 농민들이 한자리에 모였다. 전국키위농민협회를 창립하고 품질향상과 기술개발을 통해 외국 키위와 맞서 싸우겠다고 다짐하는 자리였다.

창립총회에서 초대회장으로 선출된 나는 다시 한 번 '주체적 창조운동'을 강조했다. 3,000여 재배 농민 모두가 주체가 되어 하나로 뭉쳐 싸운다면 시장개방도 충분히 극복할 수 있다고 역설했다. 아울러 키위와 관련된 일은 모두 협회가 중심이 되어 해결해나갈 것이며, 정부는 협회의 노력을 뒷받침하는 보조 역할에 머물러달라고 요청했다.

농민들은 한껏 고무되었다. 자신 속에 내재된 엄청난 열정과 힘을 느꼈고, 그것이 하나로 모이면 어떤 어려움도 극복할 수 있다는 자신감을 얻었다.

언론에서도 관심을 가졌다. 국내 최초로 출범한 품목별 전국 조직인 데다 창립대회 또한 신선했기 때문이었다. 그들은 창립대회를

'주어진 상황을 인정하고 스스로의 노력으로 극복하겠다는 성숙된 모습을 보여주었다'며 높이 평가했다.

결과적으로 전국키위농민협회 창립대회는 재배 농민 스스로 한 번 해보자는 의지를 다지는 계기가 되었으며, 외부에서 농민 조직을 새롭고 긍정적인 시각으로 바라보는 전기가 되었다.

다윗과 골리앗의 싸움

"만나고 싶습니다."

창립대회를 마치고 얼마 지나지 않아 미국 캘리포니아 키위협회로부터 만나고 싶다는 전갈이 왔다. 시장개방에 따라 한국 수출을 준비하고 있던 동 협회에서 우리의 실체를 인정하고 협상을 제안해 온 것이었다.

올 것이 왔구나, 단단히 마음을 먹고 제의를 받아들였다. 나는 90년 1월 7일 마크 알렌 회장을 비롯한 캘리포니아협회 관계자들과 만났다.

그들은 키위시장 확대를 위해 함께 노력하자며, 우리가 원하면 10만 달러의 홍보비를 지원해주겠다고 제의했다. 아울러 우리 회장단이 캘리포니아 생산 현장을 둘러볼 수 있도록 초청하겠다는 의사도 밝혔다.

홍보비 지원은 거절했다. 국내시장 확대를 위한 공동사업에 사용한다 해도, 그들의 비용으로 우리 협회를 홍보하는 것은 받아들일 수 없었다.

회장단 초청 건에 대해서는 상호 교환방문을 실시하자고 제안했다. 우리가 미국의 생산 현장을 둘러보는 대신 그들 또한 우리의 생산 현장을 돌아볼 수 있도록 초청하겠다고 했다. 동등한 입장에서 협상을 진행하기 위한 제안이었다.

협상을 진행하는 동안 그들의 국내시장 진출에 대해서는 아무런 이의도 제기하지 않았다. 이미 시장은 개방되었는데 이러쿵저러쿵 할 필요가 없을뿐더러, 트집이나 잡으려 한다는 인상을 주고 싶지 않았다. 그들의 진출을 현실로 인정하는 대신 국내 농가 보호를 위한 장치 마련에 주력했다.

구체적으로 '미국 키위를 홍보함에 있어 상호 비교를 금지하고 키위의 특성과 장점만 홍보할 것' '한국 키위의 성수기인 11월에서 1월까지는 수출을 자제할 것' 등을 요구했다.

미국 측과 협상을 마치고 나자 뉴질랜드 측에서도 연락이 왔다. 뉴질랜드는 세계 키위시장을 좌지우지하는 최대 수출국이지만 남반구에 있다 보니 우리와 생산시기가 정반대였다. 상호 보완이나 공생관계를 모색할 수 있었다. 양국의 장점을 최대한 활용해 수입에 대한 규제나 견제보다는 상호 보완이나 협력을 통해 키위산업을 발전시켜나가자는 방향으로 합의를 이끌어냈다.

수출국 관계자와의 협상을 생산자단체가 직접 나서서 진행한 것은 아마도 우리가 처음일 것이다. 정부나 관계기관에서 나서는 것이 그때까지의 관행이었다. 그러나 나는 키위와 관련된 일은 키위협회에서 주도해야 한다는 확고한 신념을 갖고 있었고, 그랬기 때문에 수출국과의 협상 또한 그 연장선상에서 진행할 수 있었다.

1990년 5월 22일 나는 협회 회장단과 함께 10일간의 뉴질랜드 방문길에 올랐다. 뉴질랜드키위협회 초청으로 생산 현장을 둘러보기 위해서였다.

직접 눈으로 본 뉴질랜드의 키위농장은 그저 놀라울 따름이었다. 농가당 평균 재배면적이 15,000평으로 우리의 20배가 넘었다. 그런 엄청난 규모의 농장이 바둑판처럼 잘 정비되어 있었다.

기계가 자유롭게 드나들 수 있도록 포장을 완료한 작업로를 비롯해 점적관수시설에 의한 관수와 간편한 전정(가지치기)시스템, 병풍처럼 농장을 둘러싼 방풍림…. 마치 잘 조성된 산업단지를 보는 것 같았다.

나를 더욱 놀라게 한 것은 컴퓨터에 의해 완벽하게 처리되는 선과시스템이었다. 열매가 컨베이어를 타고 지나가면 중량과 크기별로 자동 선별되고, 선별된 내용이 컴퓨터에 자동 입력되어 관리되는 시스템을 보자 저절로 고개가 끄덕여졌다. 생산 농가별로 체계적·종합적으로 관리하고 있다는 안내자의 말이 이해가 되었다.

뉴질랜드에 다녀온 뒤 캘리포니아 키위협회 초청으로 미국도 방문했다. 미국의 농장도 광대하기는 마찬가지였다. 캘리포니아의 프레즈노를 중심으로 한 분지 지역이 주산지인데 900여 농가에서 1,210만 평을 재배하고 있었다. 농가당 평균 1만 3,000여 평인 셈이니, 우리와는 비교가 되지 않았다.

더 놀라운 것은 생산은 물론 저장, 포장, 유통, 수출까지 농가에서 직접 처리하고 있다는 사실이었다. 수출 대상국도 캐나다, 멕시코를 비롯해 유럽과 동남아까지 광범위했다.

특히 우리가 직접 방문한 몬테카를로 지역의 한 농장은 재배면적이 24만 평이나 되었다. 국내에서라면 400여 농가가 재배하는 면적이었다.

그런 광대한 농장도 전체가 하나의 컴퓨터에 의해 체계적으로 관리되고 있었다. 압축식 점적관수시스템, 자동액비주입시스템 등이 구축되어 있고, 각각의 과정이 모두 완전 자동시스템으로 운영되고 있었다.

농장 옆에는 선과장과 저온창고를 설치, 수확한 열매를 곧바로 선별 포장한 후 저온창고에 보관하고 있었다. 그렇게 보관한 상태에서 시장 상황에 따라 판매와 수출을 병행하는 시스템이었다.

정부에 큰소리는 쳤는데…

뉴질랜드나 미국이나 우리와는 차원이 달랐다. 나는 미국 방문을 마치고 돌아오는 내내 마음이 무거웠다.

농가당 1만 5,000평에 달하는 재배규모만 해도 600평에 불과한 우리와는 비교가 되지 않았다. 광활한 대지 위에 펼쳐진 키위농장, 바둑판처럼 정비된 관수시설, 우리에게는 꿈같은 이야기였다. 거기에 현대식 선과장과 저온창고, 세계 각국으로 뻗어 있는 판매망… 무엇하나 부족한 게 없었다.

거기에 비하면 우리는 이제 막 걸음마를 시작한 어린아이와 같았다. 영세하기 짝이 없는 재배규모는 차치하더라도 변변한 선별기나 저온창고 하나 없었다. 수확하는 대로 육안으로 선별해 도매시장에 출하하는 것이 전부였다.

이런 상황에서 물밀듯 들어올 미국 키위, 뉴질랜드 키위를 어떻게 막아낸단 말인가. 우리 키위도 경쟁력이 있다고, 품질만 향상시키면 외국 키위를 이겨낼 수 있다고 농민들을 설득했는데…, 우리가 힘을 합쳐 이겨낼 테니 뒷받침이나 잘해달라고 정부에 큰소리쳤는데….

직접 눈으로 확인한 뉴질랜드와 미국의 키위산업은 너무나 거대한 골리앗이었다. 그 골리앗과 맞서 싸워야 하는 현실이 바위처럼 무겁게 내 가슴을 짓눌렀다.

개방의 위기를 창조의 기회로

미국에서 돌아온 나는 한동안 방 안에만 처박혀 지냈다. 막막하기만 했다. 무엇을 어떻게 해야 하나. 시찰을 다녀온 것이 후회되기도 했다. 눈으로 보지만 않았어도 한번 해보자고 밀어붙일 텐데, 도저히 비교가 되지 않는다는 것을 직접 확인한 이상 그럴 수도 없는 노릇이었다.

암담했다. 이제 본격적으로 외국 키위가 밀려올 텐데 어떻게 대처해야 한단 말인가. 가슴만 시꺼멓게 타들어갔다.

그렇게 며칠이 지났을까. 또다시 울돌목의 모습이 떠올랐다. 이순신 장군이 12척의 배로 그 길목을 막아 명량대첩의 기적을 만들었듯, 우리도 외국 키위가 들어오는 길목을 선점하면 된다는 생각이

들었다.

외국 키위와의 싸움은 결국 백화점 매대에서 이루어진다. 소비자가 어느 것을 선택하느냐에 따라 승패가 결정되는 것이다. 시장은 개방되었지만, 외국 키위가 백화점 매대에 오르기까지는 어느 정도 시간이 필요하다. 그사이에 우리가 먼저 매대를 점령할 수 있다면 외국 키위와 맞서 싸우기에 훨씬 유리하지 않겠는가.

그것만이 살길이었다. 나는 즉각 행동에 돌입했다. 협회에 가입된 3,000여 농가 중에서 의지가 강하고 품질이 우수한 181개 농가를 선정했다. 물량을 따져보니 300톤 정도로, 국내 생산량의 15% 수준이었다.

181개 농가를 한자리에 모아놓고 서울의 대형 백화점과 직거래를 구축해 외국 키위가 들어오는 길목을 막겠다는 계획을 설명했다. 나의 의지를 확인한 농민들은 흔쾌히 동의해주었다. 이렇게 해서 뜻을 같이하는 농민들과 참다래유통사업단을 구성했다.

나는 저온창고 200평을 빌려 300톤의 물량을 저장해놓고 선과기를 구입하여 나름대로 유통시스템을 갖추었다.

눈물로 시작, 대박으로 끝난 백화점 직판

그런 다음 서울로 올라갔다. 미리 준비한 명단과 지도를 들고 백화점을 찾아다니며 바이어를 만났다.

그러나 의아한 표정으로 쳐다보기만 할 뿐, 거래를 하겠다고 나서는 데는 한 군데도 없었다. 그제야 나는 백화점 거래가 그렇게 막무가내 식으로 이루어지는 것이 아님을 깨달았다. 내가 얼마나 황당한 일을 했는지도 알게 되었다.

사흘 동안 헛고생만 잔뜩 하고 광주행 고속버스에 올랐다. 더 찾아다닐 백화점이 없었다. 결국 이렇게 주저앉고 마는구나…. 눈물이 핑 돌았다. 농민들의 얼굴이 하나하나 떠올랐다. 내려가서 그들에게 뭐라고 말해야 하나? 설움이 북받쳐 올랐다.

버스가 출발하려는 순간 나도 모르게 울음이 터져나왔다. 중년의 사내가 엉엉 소리까지 내며 울자 주위 승객들이 어리둥절한 표정으로 쳐다보았다.

'안 돼! 이대로 무너질 수는 없어!'

승차권을 찢어버리고 버스에서 내렸다. 벌겋게 충혈된 눈 그대로 터미널 옆에 있는 뉴코아백화점을 다시 찾아 들어갔다. 다행히 사흘 전에 만났던 김영석 차장이 있었다.

나의 열의에 마음이 움직였는지 김 차장은 새로운 방안을 제시했다. 납품은 받을 수 없지만, 지하 식품코너에 1평짜리 수수료 매대를 만들어주겠다는 것이었다. 우리가 직접 물건을 팔고, 판매액의 20%를 수수료로 내라고 했다. 따지고 말고 할 것도 없었다. 판매할 수 있게 되었다는 것만으로도 감지덕지였다.

그렇게 시작한 백화점 직판행사는 요즘말로 '대박'이 되었다. 아내와 아내의 친구들이 키위를 깎아 시식을 권하고 생산 농민들이 곁에서 맛과 품질을 보증하자 소비자들이 모여들었다. '최초의 농민 직판행사'라는 것이 이슈가 되어 언론에도 크게 보도되자 매대에는 키위를 사려는 사람들로 문전성시를 이루었다. 급기야 길게 줄이 늘어서기도 했다.

그러자 다른 백화점의 바이어들이 나를 찾아왔다. 보름 전 찾아가 사정을 할 때는 본체만체하던 바이어들이 자기 백화점에서도 직판행사를 열어달라고 매달렸다. 덕분에 나는 유리한 조건으로 계약을 체결할 수 있었다.

뉴코아에서 시작된 직판행사는 이듬해 4월까지 6개월 동안 계속되었다. 서울은 물론 부산, 대구, 대전 등 전국의 백화점을 순회하는 대장정이었다.

브랜드와 조직의 힘을 깨우치다

백화점 직판행사를 통해 국산 키위의 가능성을 확인했지만, 한편으로 개선해야 할 점도 많다는 것을 깨달았다.

그중 하나가 브랜드 개발이었다. 키위라고 하니 소비자들은 대부분 수입 과일로 인식했다. 키위라는 이름 자체가 외국말인 데다 이국적인 뉘앙스도 너무 강했다. 그 때문에 외국 과일을 취급하는 수입상으로 오인받기도 했다.

새로운 브랜드의 필요성을 절감한 나는 행사가 끝나자마자 참여 농민들과 이 문제를 협의했다. 여러 차례 논의를 거쳐 최종적으로 결정된 것이 '참다래'였다. 키위의 원종에 해당하는 '다래'에 어감이 좋고 의미도 좋은 '참'이라는 접두사를 결합한 것이었다. 뉴질랜드에서 도입된 키위가 10여 년 만에 순수 우리말 브랜드 '참다래'로 다시 태어난 것이다.

직판행사를 통해 또 하나 절실하게 깨달은 것은 조직화의 힘이었다. 직판행사가 성공할 수 있었던 것은 181개 농가가 하나로 똘똘 뭉쳤기 때문이었다. 참다래를 지켜야 한다는 데 공감해 300톤의 키위를 모았고 농민들이 직접 판매행사에도 적극적으로 동참했기 때문에 같은 물량을 가지고 훨씬 많은 수익을 올릴 수 있었다. 재배농민 개개인의 힘은 미미하지만 그 힘을 하나로 모으면 엄청난 위력이 발휘된다는 것을 나는 체험으로 깨닫게 되었다. 자연스럽게 이번 행사를 위해 임의 조직으로 만든 사업단을 전문 조직으로 법제화해야겠다는 생각이 들었다.

직판행사를 총결산하는 자리에서 나는 수익금 1억 6,000만 원을 참여 농민들에게 모두 나누어준 다음 법인 설립에 대한 생각을 밝혔다.

"우리는 저온창고도 선과장도 없이 맨몸으로 직판행사를 했습니다. 그리고 가능성을 확인했습니다. 그러나 유통사업을 제대로 하기 위해서는 더 많은 노력이 필요합니다. 저온창고도 지어야 하고 선과기도 사야 합니다. 판매망도 확충하고 전문가도 키워야 합니다. 그러기 위해서는 친목회 같은 지금의 조직으로는 안 됩니다. 전문 회사를 만들어야 합니다."

그렇게 법인 설립의 필요성을 설명한 다음 희망 농가의 출자를 받았다. 일주일 만에 300여 농가가 2억 800만 원을 출자했다. 직판 행사 수익금보다도 4,800만 원이나 더 많은 액수였다. 행사를 통해 농민들 스스로 유통회사 설립의 필요성을 절감한 것이었다.

그때까지만 해도 키위는 정부 지원을 받을 수 없는 품목이었다. 나는 백형조 전남도지사를 찾아갔다. 농민출자금 2억 800만 원이 입금된 통장을 보여드리며 그동안의 과정을 설명하고 지원을 요청 했다. 농민들의 뜻과 의지를 확인한 도지사는 흔쾌히 추경예산을 편성해주었다.

농민 출자금 2억 800만 원에 전라남도에서 지원한 보조금 1억 5,000만 원을 더해 총 3억 6,000만 원의 자본금으로 참다래유통사 업단을 공식 발족시켰다.

1991년 7월. 최초의 농민주식회사이자 오늘날의 참다래산업을 이룩하는 데 구심점 역할을 한 참다래유통사업단은 이처럼 험난한 과정을 겪은 끝에 세상에 태어났다.

왜 바나나는 죽고 키위는 살았을까

키위가 국내에 도입되기 시작하던 1980년대 초 남해안과 제주 지역에는 바나나와 파인애플이 먼저 도입되어 있었다. 그러나 키위와 마찬가지로 정착도 되기 전에 개방품목에 포함되었고, 시장개방과 동시에 소리 소문 없이 사라졌다. 값싸고 품질 좋은 외국산이 들어오자 경쟁이 되지 않았던 것이다.

그러나 키위는 그런 어려움을 모두 극복하고 오늘날의 참다래산업으로 성장했다. 재배 농민 모두가 하나로 똘똘 뭉쳐 '사즉생'의 각오로 맞서 싸웠기 때문이다.

위기(危機)라는 말 속에는 위험(危險)과 기회(機會)가 함께 들어있다. 중요한 것은 그것을 바라보는 시각이다. 실패하는 사람은 위기 속에서 위험을 보지만, 성공하는 사람은 같은 위기 속에서도 기회를 본다. 위험을 보는 사람에게는 위험이 오고, 기회를 보는 사람에게는 기회가 온다. 그것이 세상의 이치다.

바나나, 파인애플과 키위의 차이. 그것은 어쩌면 시장개방에 대처하는 해당 농민들의 자세의 차이인지도 모른다.

수입개방의 위기에 좌절하지 않고 그것을 기회로 만들겠다는 의지와 신념이 오늘날의 참다래산업을 만든 것이다.

도전 4

거북선농업으로 한계를 극복하다

'맛젤 고구마'는 더 이상 천대받는 상품이 아니었다. 버려진 구황식품이 아니었다. 새로운 우등상품이었다.

목선에 덮개를 부착한 거북선이 전투에서 상상할 수 없는 전과를 올렸듯, 새로운 가치로 무장한 맛젤 고구마는 고구마에 대한 기존의 인식과 관행을 송두리째 바꿔놓았다.

백화점에서의 대우가 180도 달라졌다. 세련되고 감각적인 맛젤 고구마는 고객들의 눈에 가장 잘 띄는 한가운데 매대에 진열되었다. 한쪽 구석에 흙 묻은 채 무더기로 쌓여 있는 일반 고구마와는 하늘과 땅 차이였다. '무수리를 화장시켜 장희빈을 만들었다'며 언론에서도 높이 평가했다.

새로운 가치의 창출, 거북선농업

참다래유통사업단은 최초의 농민주식회사로 세간의 주목을 받으며 성장에 성장을 거듭했다. 생산에서 저장, 가공, 포장, 판매까지 모든 과정을 일원화해 품질 경쟁력을 높이고, 소비시장으로 직접 가는 유통의 고속도로를 구축함으로써 가격 경쟁력을 높였다. 생산 농민을 조직화해 시장 교섭력도 키웠다. 덕분에 외국 키위와의 경쟁도 극복하고 꾸준한 성장세를 지속했다.

그러나 시간이 지나면서 사업단 운영은 한계에 부딪혔다. 참다래 한 품목만으로는 일 년 내내 지속적으로 매출을 올리기가 불가능했기 때문이었다.

참다래는 기껏해야 반년 장사였다. 저온창고에 저장한다 해도 유통기간이 6개월밖에 되지 않았다. 10월에 수확해 이듬해 4월까지 판매하면 그만이었다. 나머지 6개월은 유통사업단에서 할 일이 없었다.

그러한 한계점을 극복하기 위해 뉴질랜드 키위를 수입 판매했지만, 그 또한 완전한 해결책이 되지 못했다. 판매는 연중으로 가능해졌지만 선별포장 등 유통 부문은 매한가지였다. 결국 방법은 하나였다. 참다래를 보완할 새로운 품목이 필요했다.

백화점 매대에 내놓을 청정고구마를 만들다

오랫동안 고심하며 검토한 끝에 최종적으로 고구마를 선택했다. 고구마는 해남을 비롯한 남해안과 도서 지역에서 많이 재배되는 대표적인 구황식품이었다. 70년대까지만 해도 전국에서 300만 톤이 생산되었지만, 경제 발전에 따라 침체를 거듭해 2000년에는 7%에 불과한 20만 톤 규모로 줄어들었다. 먹거리가 다양해지면서 소비자의 관심에서 멀어지자 생산량이 급감한 것이었다.

고구마는 상품성도 떨어졌다. 백화점에 가보면 눈에 거슬리는 것이 고구마였다. 한 평에 몇 백만 원씩 하는 비싼 대리석을 깐 매장에 흙 묻은 채로 쌓여 있는 상품은 고구마가 유일했다.

이렇게밖에 할 수 없는 걸까? 농업인의 한 사람으로서 마음이 불편했다.

그러던 차에 일본에서 식품박람회를 참관하고 백화점을 둘러볼 기회가 있었다. 매대에 놓인 고구마에 시선이 쏠렸다. 하나하나 랩으로 싸서 포장해놓은 고구마, 우리와 달리 깨끗하게 세척되어 진열된 고구마가 한 폭의 그림 같았다. 가격도 우리 고구마의 10배 정도였다.

"바로 저거다, 저렇게 만들면 된다!"

나는 그 자리에서 10개씩 두 꾸러미를 구입, 남은 박람회 참관도 취소하고 곧바로 귀국길에 올랐다.

김포공항을 거쳐 해남으로 내려오는 내내 그 고구마를 살펴보았다. 어떻게 하면 이렇게 만들 수 있을까? 모든 정신이 거기에 집중되었다.

내가 고구마에 매력을 느낀 또 한 가지 이유가 있다. 외국과 경쟁하지 않아도 되기 때문이었다. 고구마는 세척하면 썩기 때문에 외국에서 수입할 수 없다. 그렇다고 흙이 묻은 채로 수입할 수도 없다. 검역법상 흙이 묻어 있는 식물은 수입할 수 없기 때문이다.

키위시장 개방으로 엄청난 시련을 겪은 나는 외국산과 경쟁하지 않아도 된다는 것이 얼마나 큰 이점인지 누구보다도 더 잘 알고 있었다.

거북선의 '덮개'를 고구마에 씌우려면

나는 다시 진도대교 위에 섰다. 다리 아래로 굽이치는 울돌목이 보인다. 해남에 정착한 이래 마음이 울적하고 답답할 때면 산책 삼아 찾곤 했던 울돌목. 지난 89년 키위시장 개방으로 절망에 빠졌을 때도 나는 이곳을 찾았다. 진도대교 위에 서서 울돌목의 바다를 바라보며 장군을 떠올렸다. 장군이 보여준 통합의 리더십을 교훈 삼아 재배 농민들을 하나로 묶었고, 장군이 실천한 사즉생의 정신으로 외국 키위와 맞서 싸웠다. 그렇게 난관을 극복하고 키위를 참다래로 되살려냈다.

장군에 대해 공부하면서 내가 주목한 또 하나의 대상이 바로 거북선이었다.

거북선. 장군이 수적 열세에도 불구하고 왜군과 싸워 승리할 수 있었던 것은 거북선이 있었기 때문이다. 역사에 가정은 없다고 하지만, 만일 거북선이 없었다면 어떻게 되었을까? 23전 23승의 기적을 일궈낼 수 있었을까? 왜란의 위기에서 나라를 구한 원동력의 하나가 바로 거북선이었다.

그렇다면 거북선은 무엇인가? 거북선의 어떤 점이 그토록 엄청난 위력을 발휘했던 것일까?

과학적으로 분석하면 여러 가지 특성이 있겠지만, 쉽게 얘기하면 기존의 목선에 덮개를 씌운 것이었다. 당시 제작되던 일반 목선에

화살을 막고 몸을 숨길 수 있도록 덮개를 만들어 씌운 것이 거북선 신화를 만들어낸 핵심 기술이었다.

만약 장군이 덮개라는 새로운 가치를 생각하는 대신 비용을 줄여 목선을 몇 척 더 만들고 목선의 재료를 더 튼튼하게 하는 데 전력을 집중했다면 거북선과 같은 효과를 거둘 수 있었을까?

고구마도 마찬가지다. 가격과 품질로는 한계가 있다. 새로운 가치를 창출해야 한다. 덮개를 씌워 목선과는 차원이 다른 거북선을 만든 것처럼, 새로운 가치를 창출해 지금의 고구마와는 차원이 다른 고구마를 만들어야 한다.

그렇다면 고구마에는 어떤 덮개를 씌워야 할까? 버려진 구황작물로 천대받는 고구마. 그 고구마에서 창출할 수 있는 새로운 가치는 무엇일까?

땅끝에서 칼 들고 왔습니다

고구마 개발은 시작부터 난관에 부딪혔다. 착수한 지 몇 달 지나지 않아 IMF사태가 터진 것이다. 경기는 침체되고 거리마다 실업자가 넘쳐났다. 소비심리가 얼어붙어 생산이 위축되고 경제는 마이너스 성장으로 뒷걸음질쳤다.

유통사업단도 예외가 아니었다. 매출이 예년의 40% 수준으로 떨어지고, 판매가 되지 않아 재고로 쌓여 있는 참다래가 창고마다 가득했다.

직원들은 염가판매를 제안했다. 잘못하면 창고에서 썩힐 수도 있다는 것이었다. 하지만 나는 동의할 수 없었다. 가격을 낮추면 그만큼 손실이 발생해 그렇지 않아도 어려운 사업단 운영을 더욱 어렵게 할 것이었다.

나는 비장한 각오로 판로 확대에 나섰다. 몸을 움츠리기보다 난관을 적극적으로 헤쳐나가는 공격적인 방법을 선택했다.

먼저 KBS-TV 〈체험, 삶의 현장〉이라는 프로그램에 취재를 요청, 참다래의 맛과 영양, 작업과정 등을 상세히 소개했다. 때마침 〈6시 내고향〉이라는 프로그램을 통해서도 참다래의 영양 분석과 다양한 요리법이 소개되었다.

이를 계기로 전국 20여 개 백화점에서 대대적인 직판행사를 개최했다. 방송 보도를 직접적인 매출 확대로 연결시키기 위한 이벤트였다. 시장개방에 대처하기 위해 직판을 실시했던 1990년의 경험을 되살려 80일 동안 총력전을 전개했다. 그 결과 예년의 가격을 유지하면서 보유 물량을 모두 판매하여 IMF 외환위기에서 벗어날 수 있었다.

직판행사를 통해 위기를 넘기기는 했지만 IMF사태는 여전히 부담으로 작용했다. 계속되는 경기 침체로 판매 부진이 이어지면서 자금 압박에 시달리게 되었다.

이를 타개하기 위해 유통사업단은 농림부에 정책자금 지원을 요청했다. 이미 10억 원의 정책자금을 지원받은 상태에서 10억 원의 추가 지원을 요청한 것이었다.

농림부에서는 어려운 농업여건을 감안, 적극적으로 검토한 끝에 자금 지원을 결정했다. 그런데 엉뚱한 곳에서 문제가 터졌다. 농신보, 즉 농림수산업자 신용보증기금의 보증한도 때문에 대출이 안 된다는 것이었다.

유통사업단은 이미 농신보 보증을 통해 10억 원을 대출받았다. 추가로 10억 원을 대출받기 위해서는 총 20억 원에 대한 보증이 필요했다. 그러나 농신보 보증한도는 일반신보의 절반인 15억 원밖에 되지 않았다. 한도를 초과하기 때문에 대출이 안 된다는 것이었다.

나는 농신보의 보증한도가 일반신보의 절반밖에 안 되는 것이 불합리하다고 판단해 조정을 요청했고, 농식품부에서는 담당과장이 재정경제원(현재의 기획재정부)에 가서 수차례 설득했다. 그런데도 안 된다는 것이었다.

며칠을 고심한 끝에 내가 직접 재정경제원의 담당과장을 만나 담판을 지을 수밖에 없다고 판단했다. 면담을 요청하고 나서도 한참 만에야 담당과장을 만날 수 있었다.

우리 농업도 이제 산업화가 되면서 경쟁력 있는 규모화된 상품을 시장에 내놓을 수 있다고 설명하고 농신보를 일반신보처럼 15억에서 30억으로 상향 조정해줄 것을 간곡히 요청했다. 그러나 담당과장은 이미 내놓을 답을 준비나 한 것처럼 "농신보를 별도로 만든 것은 영세 농업인들의 특수성을 감안했기 때문입니다. 그래서 일반신보의 절반인 15억 원을 상한으로 정했습니다. 그 이상 보증받고 싶으면 일반신보를 이용하면 됩니다. 그래도 상향 조정을 해야 할

사항이 생기면 절차에 따라 규정 개정 시에 검토해보도록 하겠습니다"라고 말할 뿐이었다.

담당과장의 설명은 일목요연하고 논리 정연했다. 치고 들어갈 틈이 없었다. 보증한도로는 승산이 없다는 판단이 섰다.

담당과장의 논리를 단박에 깨뜨릴 수 있는 적절한 반박대응이 필요했다. 잠시 고민한 끝에 농신보의 설립 논거를 따지기로 했다.

"농신보를 별도로 만든 것은 농업의 특수성 때문이라고 하셨는데, 농업의 특수성은 농림부에서 제일 잘 알지 않겠습니까?"

나는 보증한도에 대해서는 단 한마디도 하지 않았다. 대신 농신보 자체를 농림부로 이관해야 한다며 근본적인 문제를 따지고 들었다.

내 생각은 적중했다. 담당과장의 표정에 당황한 기색이 역력했다. 나는 기회를 놓치지 않고 밀어붙였다.

"얼마 전 연천, 포천에서 집중호우로 농업인들이 큰 피해를 입었습니다. 그런데도 농신보는 아무 도움이 되지 못했습니다. 재경원에서 관장하고 있어 농업의 특수상황에 대처하지 못했기 때문입니다. 그 때문에 일본도 농림성에서 관장하고 있고 대만도 농업부에서 담당하고 있습니다. 그런데 왜 우리만 재경원에서 관장합니까? 이번 기회에 농업의 특수성을 감안하여 농림부로 이관해주시죠 그러면 제가 농업문제를 가지고 여기에 와서 이렇게 번거롭게 할 이유도 없지 않겠습니까?"

얼마나 시간이 흘렀을까. 담당과장이 정중하게 입을 열었다.

"알겠습니다. 국장님을 설득해 상향 조정하도록 하겠습니다."

담당과장은 나무 하나 안 베어주려다가 산을 통째로 뺏길 수도 있다고 생각했던지 내가 처음에 제안한 내용을 순순히 받아들이겠다고 말했다.

내가 보증한도로는 그의 논리를 이길 수 없다고 판단했듯, 그 또한 이관문제에 대해서는 내 논리를 반박할 수 없다고 판단한 것이었다. 그렇게 해서 농신보 보증한도를 30억 원으로 상향 조정하는 데 성공, 10억 원의 정책자금을 추가로 대출받을 수 있는 길을 열었다.

대한민국 국민이 만나자는데 왜 안 됩니까

또 하나의 난관이 발목을 잡았다. 이번에는 감사원이었다.

1998년 농협중앙회 신용보증기금에 대해 감사를 실시한 감사원은 몇 가지 위반사항을 지적했다. 그중 하나가 유통사업단과 관련된 것이었다. 앞에서 언급한 10억 원의 정책자금 대출에 대한 신용보증이 잘못됐다고 지적한 것이다. 유통사업단은 감가상각을 하지 않은 채 배당을 실시해 회계규정을 위반했으며, 그런 사업단을 신용보증한 농협중앙회 역시 농신보 운용규정을 위반했다는 것이었다.

어떻게 보면 사소한 지적이었다. 그러나 그것 때문에 신용보증을 받을 수 없게 된 것이다. 기존의 보증이 잘못됐다는 감사원의 지적을 받은 상태에서 추가 보증을 할 수는 없다는 것이었다.

나는 감사를 담당한 실무팀은 물론 책임을 맡고 있는 감사관을 찾아가 지적사항을 받아들일 수 없다고 따졌다.

농업인의 소득증대라는 법인의 설립목적 구현을 위해 조합원들에게 배당한 것인데, 그게 무슨 큰 잘못이라고 지적을 하느냐, 농발법에 의해 설립된 영농조합법인에 일반회계규정을 적용하는 것도 바람직하지 않다….

감사관은 결국 내 의견을 받아들여 최종 확정 시 좋은 결과가 나올 수 있도록 하겠다고 약속했다.

그러나 기간이 문제였다. 내부 절차를 거쳐 감사 결과가 최종 확정되기까지 2개월 정도 시간이 걸린다는 것이었다. 사업단에 2개월 후는 아무 의미가 없었다. 보름 후에 돌아올 어음을 막지 못하면 부도가 날 판이었다.

나는 몸이 달았다. 다시 감사관을 찾아가 사정을 설명하고 배정된 10억 원을 받을 수 있게 해달라고 간청했다. 농협 담당자도 찾아가 사정했지만 결과는 마찬가지였다. 무혐의라는 감사원의 최종 결정이 나와야 된다는 것이었다.

어떻게 해야 하나? 잠이 오지 않았다. 밤을 꼬박 새워가며 고민을 거듭했다. 새벽이 뿌옇게 밝아올 무렵 마침내 한 가지 아이디어가 떠올랐다.

'그래, 가자! 감사원에 가서 담판을 짓자. 그렇게 해야 문제를 해결할 수 있다. 가자!'

아침이 밝자 나는 쟁반과 칼, 잘 익은 참다래 열매를 가방에 담아 들고 감사원을 찾아갔다.

"감사반장님을 만나러 왔습니다."

면회실에 들러 방문 목적을 밝히자 경비원이 앞을 막아섰다.

"약속을 하셨습니까?"

"안 했습니다."

"감사 중이라 만날 수 없으니 다음에 약속을 하고 오십시오."

경비원은 막무가내로 나를 제지했다. 담판은커녕 만나지도 못하고 쫓겨날 판이었다. 그럴 수는 없었다. 사즉생의 각오로 찾아왔는데, 그냥 돌아설 수는 없었다.

"대한민국 국민이 만나러 왔는데 왜 안 된다는 겁니까? 정 만나주지 않겠다면 농민 100명을 이끌고 와 기자실에서 단식농성을 하겠습니다. 가서 분명히 전해주십시오! 여기서 5분 동안만 기다리겠습니다."

역으로 기습적인 충격을 주었다. 사무실까지 들리도록 큰소리로 외치고 면회실 근처에서 담배를 피우고 있는데 면회실 여직원이 다가왔다.

"2층으로 올라가십시오. 202호실입니다."

여직원의 안내에 따라 문을 열고 들어서자 사무실 안이 한눈에 들어왔다. 안쪽의 감사반장을 중심으로 6명의 감사관과 여직원 2명이 근무하고 있었다.

"땅끝에서 칼 들고 왔습니다!"

기선 제압이 중요하다고 생각한 나는 들어서자마자 큰소리로 외쳤다. 직원들이 깜짝 놀라 하던 일을 멈추고 나를 쳐다보았다.

나는 가운데 놓인 회의용 테이블에 자리를 잡고 앉아 칼과 참다래를 가방에서 꺼내 하나씩 깎기 시작했다.

"참다래 맛이 어떤지 보여드리려고 가져왔습니다."

놀란 토끼 눈을 하고 쳐다보는 감사반장과 직원들에게 참다래를 하나씩 권했다.

"맛이 어떻습니까? 좋지요? 감사반장님께서 감사하다가 참다래가 시큼해서 맛도 없던데 무슨 수출이냐고 비아냥하셨다면서요? 참다래가 다 망하게 됐으니 맛이나 보여드리려고 이렇게 달려왔습니다."

제대로 후숙되어 가장 맛있는 참다래로만 골라 가지고 갔으니 얼마나 맛이 있었겠는가. 감사반장이 맛을 보더니 "어허, 옛날에 내가 먹었던 키위하고는 전혀 다르네. 요즘도 홋카이도로 수출되고 있기는 해요?" 하고 물었다.

그제서야 뭔가 긍정적인 반응이 나오자 나는 아예 작정을 하고 너스레를 떨었다. 그러면서 넋두리를 늘어놓기 시작했다. 대학을 졸업하고 키위 묘목을 보급하던 일에서부터 키위 재배를 시작한 일,

수입개방과 맞서 싸운 일, 직판행사를 통해 IMF 외환위기를 극복한 일까지 신세한탄을 하듯 주저리주저리 늘어놓았다. 그러자 다들 가시방석에라도 앉은 것처럼 안절부절못했다. "이제 충분히 들었으니 업무를 볼 수 있도록 해주세요" 하며 내가 빨리 나가기만을 바라고 있었다. 그러나 나는 아랑곳하지 않고 여전히 참다래를 깎으며 넋두리를 늘어놓았다.

그렇게 한 시간 반쯤 지나자 감사반장이 도저히 더는 못 참겠다는 목소리로 "이제 들을 만큼 들었습니다. 그렇다고 농협중앙회에 자금을 지원해주라는 얘기는 할 수 없습니다. 그것 말고는 다 도와줄 테니 그만하세요"라고 말하는 게 아닌가.

그제서야 나도 정색을 하고 감사반장을 응시했다.

"저도 안 되는 것을 해달라고 부탁드리지 않겠습니다. 농협중앙회 신용보증 상무에게 전화만 한 번 걸어주십시오. 전화하셔서 이 말씀만 전해주십시오. 정운천이 와서 난리를 쳤다, '감사원과 농협 때문에 다 죽게 생겼다며 며칠 뒤 농민 100명을 이끌고 와 단식농성을 하겠다'고 통보하고 갔다, 농협에서 책임지고 막아라, 그렇게만 말씀해주십시오. 그렇게 해줄 수는 있지요? 그렇지 않으면 정말 여기 와서 농성할 수밖에 없습니다."

감사반장에게서 꼭 그렇게 해주겠다는 답변을 듣고 감사원을 나와 농협중앙회로 가서 신용보증 상무를 찾아갔더니 들어서기가 무섭게 내 손을 잡아끌었다.

"정 회장! 감사원이 어떤 곳인데 농성을 하겠다는 거요? 도대체 왜 그러는 거요?"

며칠 전까지만 해도 모가지가 몇 개라도 안 된다고 큰소리치던 상무였는데, 말과 태도가 180도 달라져 있었다.

"맞습니다. 사업단 농민 100명씩 2개조를 만들어 1개조는 감사원에서 농성하겠다고 통보했습니다. 나머지 1개조는 여기 와서 하겠다고 상무님께 통보하러 왔습니다."

내가 정색을 하고 단호하게 말하자 상무의 목소리가 이내 사정조로 바뀌었다.

"내가 어떻게 하면 되겠소? 해결방안이 뭐요?"

"누누이 말씀드린 것처럼 배정된 정책자금 10억 원을 대출해주시면 됩니다."

"그것만 해결해주면 되겠소?"

"그렇습니다. 일주일 안에 대출이 안 되면 사업단은 문을 닫아야 합니다. 일주일 안에 해결해주십시오."

"알겠소. 해결해보도록 하겠소."

그로부터 이틀 뒤 담당과장과 대리가 직접 해남으로 내려와 서류를 보여주고 날인을 받는 등 행정 절차를 진행했다. 그리고 다음 날 10억 원의 정책자금이 통장에 입금되었다.

재판계류 중이나 감사 절차 진행 중에 이런 일이 생기면 속수무책으로 망할 수도 있겠구나 생각하면 지금도 오싹 소름이 돋곤 한다. 그 뒤 감사원의 최종 결정에서 무혐의 처리를 받아 신용보증에 아무런 하자가 없었음은 물론이다.

시련은 계속되고

그렇게 시련의 1998년을 보내고 1999년을 맞았다. 어둠의 밤이 지나면 광명의 새벽이 오듯, 최악의 위기상황을 딛고 일어선 만큼 1999년은 도약의 한 해가 되리라 기대했다.

그러나 그해 4월 유통센터에 발생한 화재는 사업단을 또다시 수렁 속으로 밀어넣었다.

새벽 3시경 유통센터에 원인을 알 수 없는 화재가 발생했다. 작업장과 선과장을 모두 태우고 저온창고로 번졌다. 다행히 신고를 받고 출동한 소방대와 직원들이 긴급 진화에 성공, 더 이상 번지지는 않았지만 작업장 200평과 선과장 300평이 고스란히 불에 타고 말았다.

그해 여름에는 태풍이 불어닥쳤다. 20년 만에 가장 강력한 태풍이라는 올가는 해남 지역을 한순간에 쑥대밭으로 만들었다.

참다래농장도 예외가 아니었다. 방풍림은 뿌리째 뽑혔고, 시설물들은 이리 찢기고 저리 찢겨 누더기가 되었다. 참다래 나무도 성한 것이 없고 떨어진 열매가 바닥을 덮었다.

정말이지 눈앞이 캄캄했다. 몇 차례의 어려운 고비를 정말 힘들게 넘겨왔는데, 봄에 발생한 화마의 상처가 채 아물지도 않았는데…. 잔인하게 휩쓸고 지나간 태풍이 야속하고 원망스러웠다.

98년에서 99년까지 2년 동안 유통사업단은 설상가상의 시련을 겪었다. IMF사태와 자금 압박, 제도와의 싸움, 화재, 태풍 등의 재해까지….

더 이상 악화될 수 없는 극한의 상황이었지만 주저앉거나 포기하지 않고 끝까지 맞서 싸웠다. 설상가상의 시련을 슬기롭게 극복하고 도약의 발판을 마련할 수 있었던 데는 고구마의 역할이 컸다.

천대받던 고구마를 최고의 명품으로

고구마를 새로운 상품으로 개발하면서 첫 번째 목표로 정한 것이 연중공급 실현이었다. 새로운 저장법을 개발해 일 년 내내 싱싱한 고구마를 공급하겠다는 것이었다.

고구마는 통상 4월까지가 유통기한이다. 수확해서 저온창고에 저장한다고 해도 이듬해 4월이 지나면 싹이 나면서 썩기 때문에 판매할 수가 없다. 따라서 5월부터 햇고구마가 출하되는 8월 이전까지는 고구마가 유통되지 않았다. 백화점이나 할인매장에서도 제대로 된 고구마를 찾아볼 수 없었다. 그러니 저장기간을 늘려 일 년 내내 유통할 수 있다면 완전히 새로운 가치를 창출하는 셈이었다.

연중공급에 목표를 두고 장기 저장법 개발에 착수했다. 농산물 저장에 관한 자료란 자료는 모두 찾아내서 검토했다. 대학연구소와 산학협동으로 공동연구를 진행하면서 유통센터의 저온창고를 활용해 끊임없이 실험했다. 700톤이 넘는 고구마를 실험용으로 활용했고, 그 과정에서 수십 톤이 폐기되기도 했다.

그렇게 3년에 걸쳐 연구를 거듭한 끝에 2000년 4월 마침내 새로운 저장법을 개발해냈다. 저온냉장과 고온건조를 되풀이하는 방식, 즉 예냉-예건-보냉-저장 과정을 반복함으로써 장기간 저장해도 신선도와 품질을 유지할 수 있게 되었다.

저장법만큼 비중을 두고 매달린 것이 세척법이다. 고구마는 일단 씻으면 쉽게 썩기 때문에 3일 이상 보관하기 어렵다. 그래서 흙이 묻은 채 유통되었다. 백화점의 그 비싼 매대 위에 흙이 묻은 채로 진열되어 있는 것은 고구마뿐이었다. 세척법을 개발해 깨끗하게 세척된 고구마를 판매할 수 있다면 분명 엄청난 부가가치가 창출될 것이었다.

나는 기술 습득을 위해 수시로 선진국을 찾아다녔다. 뉴질랜드의 어느 포장공장에서 세척 고구마를 유통한다는 정보를 입수하고 직접 찾아갔다. 일주일 동안 그곳 사람들과 함께 생활하며 2,600만 원을 주고 기술을 배웠다. 그러나 완전한 것이 되지 못했다. 뉴질랜드 고구마는 껍질이 두꺼운데 우리 것은 얇아서 그곳에서 배운 기술을 그대로 적용할 수 없었던 것이다.

또다시 일본, 미국 등 여러 나라를 돌아다녔다. 그렇게 4년이 넘도록 매달린 끝에 세척을 해도 1주일 이상 썩지 않는 새로운 세척법을 개발할 수 있었다.

그러나 그것만으로는 부족했다. 고구마는 세척하면 썩기도 하지만 색깔도 변한다. 고구마 본래의 붉고 싱싱한 색이 허옇게 바래서 소비자들에게 거부감을 준다. 그래서 세척을 해도 본래의 붉은색을 그대로 유지할 수 있는 기술이 필요했다. 마늘이나 생강 같은 작물에서 추출한 살균 성분을 이용해 연구를 거듭한 끝에 본래의 색을 그대로 살릴 수 있는 바이오기술을 개발할 수 있었다.

등급화와 표준화도 상품화 과정에서 빼놓을 수 없는 과제였다. 사실 고구마처럼 모양이나 형태, 중량이 제각각인 작물도 드물다. 중량은 30그램에서 700그램, 길이도 짧은 것은 3센티미터에서 긴 것은 27센티미터까지 천차만별이다. 모양도 길쭉한 것, 통통한 것, 울퉁불퉁한 것 등 제각각이다. 그래서 고구마는 기계 선별이 불가능하다. 이런 고구마를 어떻게 등급화할 것인가? 오랜 검토와 실험 끝에 7단계 선별법을 개발했다. 고구마를 크기와 형태에 따라 7가지 등급으로 나누고, 각각의 등급을 3~4개 규격으로 세분화했다. 농산물 규격에 공산품 개념을 적용한 것이다. 그런 다음 작업자들을 집중적으로 훈련시켜 유통사업단만의 독특한 선별법으로 정착시켰다.

포장도 완전히 바꿨다. 수시로 백화점을 드나들며 구매패턴을 조사해 소비자들이 가장 선호하는 800그램과 1킬로그램을 기본으로 소포장을 개발했다. 등급별로 7~8개의 세척 고구마를 플라스틱 용기에 담아 그물망으로 포장하고 손으로 들 수 있도록 끈까지 부착했다. 골판지 위에 흙 묻은 채로 쌓아놓고 팔던 고구마를 세련되고 간편한 펀넷(punnet)포장으로 탈바꿈시켰다. 또 CI작업을 거쳐 '맛젤'이라는 새로운 브랜드와 심볼마크를 개발하여 소포장과 조화를 이루도록 했다.

'맛젤 고구마'는 저장법부터 시작해 세척바이오, 품종, 표준화, 규격화, 선별법, 포장법, 브랜드까지 기존의 고구마와는 전혀 다르다. 8가지의 새로운 가치를 창출해 새로운 브랜드 고구마를 만들어낸 것이다.

활로를 열어준 '맛젤 고구마'

8가지의 새로운 가치를 창출한 '맛젤 고구마'는 더 이상 천대받는 열등재가 아니었다. 버려진 구황식품이 아니었다. 기존의 고구마와는 차원이 다른 새로운 우등상품이었다.

목선에 덮개를 부착한 거북선이 전투에서 상상할 수 없는 전과를 올렸듯 새로운 가치로 무장한 맛젤 고구마는 고구마에 대한 기존의 인식과 관행을 송두리째 바꿔놓았다.

그러자 백화점에서의 대우가 180도 달라졌다. 세련되고 감각적인 포장의 맛젤 고구마는 고객들의 눈에 가장 잘 띄는 한가운데 매대에 진열되었다. 한쪽 구석에 흙 묻은 채 무더기로 쌓여 있는 일반 고구마와는 하늘과 땅 차이였다. '무수리를 화장시켜 장희빈을 만들었다'며 언론에서도 높이 평가했다.

판매량도 크게 늘었다. 일반 고구마보다 서너 배나 비싼 가격에도 불구하고 날개 돋친 듯 팔려나갔다. 다른 고구마가 없는 5월에서 7월 사이에는 가격이 더 올랐지만 마찬가지였다. 소비자 기호에 맞고 소비자가 필요로 하는 가치를 창출한 덕분에 매출이 폭발적으로 늘어난 것이었다.

2000년 당시 참다래유통사업단은 큰 위기에 봉착했다. IMF를 겪으며 경영이 부실해진 데다 태풍과 화재사고까지 겹쳐 금방이라도 무너질 것 같은 아슬아슬한 상황이 이어졌다.

그런 사업단에 활로를 열어준 것이 고구마다. 4년에 걸친 노력 끝에 개발한 맛젤 고구마가 본격 시판되면서 사업단 운영은 정상을 되찾고 성장세로 돌아설 수 있었다.

새로운 가치의 창출. 품질과 가격 경쟁에 매달리는 대신 기존의 고구마에서는 찾아볼 수 없는 새로운 가치를 창출해야 한다는 생각과 그에 따른 노력의 결과가 도산의 위기에서 사업단을 구해냈다. '거북선농업'의 승리였다.

농업인에서 장관으로

"축하드립니다. 농림수산식품부장관으로 내정되셨습니다."

평소와 다름없이 농업 CEO로 바쁘게 생활하던 2008년 2월 9일, 나는 생각지도 못한 전화를 받았다. 대통령직 인수위원회에서 걸려온 전화였다.

장관이라니…? 나는 내 귀를 의심했다. 분명 그렇게 들었지만 믿어지지가 않았다.

새 정부 조각을 앞두고 언론의 하마평에 내 이름이 오르내리고 있다는 사실은 나도 알고 있었다. 그러나 말 그대로 하마평일 뿐이라고 생각했다. 나는 평생을 농업에 종사한 현장 농업인 출신이다. 농업에 대한 전문성은 갖췄다고 해도 정치 경력이 전혀 없는 데다

행정 경험도 없었다.

이명박 당선자와 특별한 인연이 있는 것도 아니었다. 대선을 50여 일 앞두고 농업인 간담회에서 처음 만났고, 그후 두세 번 얼굴을 마주했을 뿐이었다. 그런데 장관이라니?

정신을 가다듬고 당선자의 의중을 헤아려보았다. 당선자와 처음 만난 간담회의 기억이 떠올랐다.

"이대로는 안 됩니다! 지금과 같이 생산만 해서는 희망이 없습니다. 이제는 '농식품산업'으로 가야 합니다. 농업에 식품을 결합해 농림부를 농업식품부로 만들어야 합니다. 농업을 생산에서 가공, 유통, 판매까지 두루 포괄하는 복합산업으로 바꿔야 합니다. 문화, 관광과 연계해 입체산업으로 육성해야 합니다. 다시 말해 1차산업이 아닌 1, 2, 3차를 결합한 6차산업으로 만들어야 합니다. 그래야 농업이 살아날 수 있습니다. 그렇게 해서 저는 다 망한다던 키위를 참다래산업으로 살려냈습니다."

당선이 유력한 이명박 후보였다. 평생을 농업에 종사하며 구상한 방안들을 정책에 반영시킬 수 있는 절호의 기회였다. 나는 그때 참다래와 고구마를 개발한 경험을 토대로 우리 농업이 나아갈 방향과 실천방안을 거리낌 없이 다 말씀드렸다.

내 얘기에 공감했는지 후보는 비서실장을 통해 별도의 미팅을 요청했다. 나는 준비한 자료를 토대로 평소 구상해온 농업 발전방안을 자세히 설명했다. 그리고 한나라당 '경제살리기 특별위원회'에 참여, 농업 분야의 공약과 정책 개발에 힘을 보탰다. 선거는 예상대로 이명박 후보가 승리했다. 그리고 내가 제안한 개혁방안들은 새 정부 농업정책의 근간이 되었다.

그렇게 기억을 더듬어보니 어느 정도 당선자의 의중을 헤아릴 수 있었다. 내가 제안한 방안들로 새 정부 농업정책의 틀을 잡았으니 장관을 맡아 직접 실천에 옮기라는 것이었다. 실제로 정부조직 개편에서 농업과 수산, 식품을 통합해 농림수산식품부가 발족된 상태였다.

거기까지 생각이 미치자 나는 무거운 사명감을 느꼈다. 평생을 농업에 종사하며 터득한 경험과 노하우를 토대로 온몸을 던져 창조적인 농정의 틀을 새롭게 짜보자고 다짐했다. 농정개혁을 차질 없이 추진해 농업에 새로운 희망을 불어넣어야 한다고 스스로 다짐하는 것으로 당선자의 뜻을 받아들였다.

2008년 2월 15일, 나는 장관 내정자의 신분으로 이명박 당선자를 만났다.

"농업이 살아나야 경제가 살아납니다. 식품과 결합해 농림수산식품부로 재편했으니, 농업이 새롭게 발전할 수 있도록 농림수산식품부를 맡아주셔야겠습니다."

당선자의 주문은 간단명료했다. '책임지고 농업을 살리라'는 것이었다. 어깨가 무거웠다. 내 모든 역량을 다해 농업을 살리는 데 앞장

서겠다고 각오를 밝혔다. 그런 다음 장관직 수행에 대한 고민을 솔직하게 털어놓았다.

"저는 행정 경험이 부족합니다. 장관이 행정을 모르면 그만큼 일이 더딜 수밖에 없습니다. 행정을 잘하는 사람을 차관으로 뽑아주시면 행정은 그에게 맡기고, 저는 현장을 중심으로 농업 살리는 일에 매진하겠습니다."

그런 다음 내가 믿을 수 있는 농업행정 전문가를 추천했다.

"지금 농림부에서 농업행정을 가장 잘하는 사람이 기획관리실장입니다. 그런데 공교롭게도 저와 고향이 같고, 대학도 같은 고려대 출신입니다. 한번 검토해주십시오. 그 사람이 차관이 되어 행정을 맡으면 저는 마음 놓고 현장 중심의 농정개혁에 매진하겠습니다."

지역주의가 깊이 뿌리박혀 있는 우리나라 정서상 한 부처에 동향 출신의 장관과 차관이 동시에 기용되는 경우는 극히 드물다. 임명권자로서도 부담을 느끼지 않을 수 없다. 그러나 그렇게 해야 농업을 살리는 일에 전념할 수 있겠기에 무리라는 걸 알면서도 부탁드린 것이었다. 감사하게도 당선자는 내 요청을 받아들여 정학수 기획관리실장을 제1차관으로 발탁해주셨다.

그러한 배려에서 나는 당선자의 일관된 메시지를 읽을 수 있었다. 어떤 일이 있어도 농업을 구하라는 것이었다. 나는 내 임무를 완성하기 위해 취임 첫날부터 강도 높은 개혁에 착수했다.

한밤의 취임식

닭들의 세계를 들여다보면 참 신기한 데가 있다. 중학교 때 닭을 키우다가 놀라운 사실을 발견했다. 장닭 3마리와 암탉 몇십 마리를 키웠는데, 새벽에 첫 꼬끼오를 외치는 대장 닭이 있다. 그 대장 닭이 먼저 홰를 치고 울어야 나머지 장닭이 뒤따라서 울어댄다. 만약 그 질서를 어기고 다른 닭이 먼저 울면 큰일 난다.

밖에서 새로 장닭이 들어오면 기존의 닭들이 텃세를 부린다. 새로 온 장닭은 얼른 자신의 서열을 알아차리고 조용히 있어야 한다. 그렇지 않고 건방을 떨면 다른 닭들이 그 장닭 주위를 배회하면서 경계하고 관찰하다가 밤이 되면 차례차례 다가가 뒷머리를 쪼아댄다. 급소를 집중적으로 공격하는 것이다. 이를 견디지 못한 장닭은

구석에 숨거나 피해 다니기 바쁘다. 시달리다 지쳐 죽어 나오는 장
닭도 있다.

반면에 다른 닭들을 단번에 제압하고 주도권을 거머쥐는 장닭도
있다. 그런 닭은 닭장 안에 들어가자마자 강력한 카리스마를 발휘
한다. 고개를 뻣뻣이 쳐들고 다니면서 뒷머리를 쪼지 못하게 하고,
자신을 해치려는 닭을 단숨에 제압한다. 닭장 안에 새로운 대장 닭
이 탄생하는 것이다.

장관으로 발탁되자 어린 시절 보았던 장닭의 모습이 떠올랐다.
정치 경험도 행정 경험도 없이 중앙정부에 입성하는 내가 마치 낯
선 닭장 속에 들어가는 장닭처럼 느껴졌다.

중앙행정기관은 보수적인 관료조직이다. 통계적으로 신임 장관
이 조직을 장악하는 데 평균 6개월이 걸린다고 한다. 그것도 잘했
을 때 그렇다는 것이고, 특히 외부에서 발탁되어 장관에 취임하는
경우 더 어렵다고 한다. 장관은 언제 그만둘지 모르는 '비정규직'이
기 때문에 관료조직을 장악하는 데 한계가 있다. 자칫 잘못하면 재
임 기간 내내 '텃세' 타령이나 하다가 물러나는 경우도 있다고 한
다. 오죽하면 어느 신문에서 장관을 과객, 즉 지나가는 나그네라고
표현했을까.

더구나 나는 평생을 농업 현장에서 보낸 농업인 CEO 출신이다.
정통 관료 입장에서 보면 외부인사요 이방인이다. 그러니 내가 아무

리 개혁을 외치고 변화를 주장해도 조직이 따라주지 않으면 아무것도 할 수 없다. 자칫하면 닭장 안에서 시달리다 죽어 나오는 장닭 신세가 될 수도 있다. 그러니 내게 주어진 첫 번째 과제는 보수성이 강한 관료조직을 어떻게 장악하느냐 하는 것이었다.

짧은 시간 안에 조직을 장악하고 내가 계획한 프로그램대로 농정개혁을 하려면 처음 직원들과 대면하는 자리이자 언론도 관심을 갖고 살펴보는 취임식에서 승부를 걸 수밖에 없다는 생각이 들었다. 고민 끝에 결단을 내리니 오히려 마음이 편해졌다. 조직을 장악할 첫 번째 기회가 취임식이다. 직원들과 처음 만나는 자리에서 분명한 메시지를 전달하고 강력한 리더십을 보여줘야 한다. 그래야 텃세를 극복하고 농정개혁과 함께 조직개혁을 제대로 추진할 수 있다. 이런 생각에서 나는 기존의 관례와는 전혀 다른 취임식을 갖기로 마음먹었다.

장관님, 언론이 가만있지 않을 텐데요

"청와대 임명장 수여식이 2월 29일 오후 5시로 잡혀 있습니다. 그다음 총리 취임식에도 참석해야 합니다."

취임식 문제를 협의하기 위해 찾아온 담당국장은 난감한 표정으로 입을 열었다. 근무시간 내에 취임식을 갖기가 어렵다는 것이었다. 총리 취임식 이후 국립묘지를 참배하고 나면 저녁 7시쯤 될 것이라고 덧붙였다.

"다음 날이 토요일이니, 늦더라도 합시다. 오히려 잘됐네요. 정부 청사 내 대강당이 하나밖에 없으니, 먼저 예약하십시오. 일과를 마친 시간이니 본부 직원은 모두 참석토록 해주시고, 산하기관이나 단체에서도 국장과 부장급 이상 간부직원은 참석하도록 해주십시오."

나는 담당국장의 말에 개의치 않고 내 생각을 분명히 밝혔다. 관례에 따라 간부직원 100여 명만 모아놓고 하지는 않겠다는 생각이었다. 나에게는 취임식이 단순한 취임식이 아니라 앞으로 장관으로서의 성패가 좌우되는 중요한 행사라고 판단했기 때문이다.

나는 취임식 자리에서 특강을 하겠다고 말했다. 농업 발전을 위해서는 모든 농업 공직자들이 농정 철학과 방향을 공유하고 힘을 합쳐야 하는데 전원이 모인 자리에서 내 생각을 밝히는 것이 효율적이라고 생각했기 때문이었다.

"취임식을 마치면 앞으로 추진할 농정 방향에 대해 특강을 할 생각입니다. 그렇게 알고 준비해주시면 고맙겠습니다."

"예? 특강을 하시겠다고요?"

그렇지 않아도 난감해하던 국장이 놀란 토끼 눈을 하고 되물었다. 저녁 7시에 취임식을 하는 것도 부담스러운데 특강까지 하겠다니, 혹시 자기가 잘못 들은 것은 아닌지 의아해하는 표정이었다.

"그날은 좋은 날이니 축하공연도 함께 했으면 좋겠습니다."

한발 더 나아가 그렇게 덧붙이자 국장은 난감한 표정을 하고 돌아갔다. 이틀이 지나고 나서 나하고 잘 알고 지내는 한 국장이 찾아왔다.

"장관님 취임식에 관해서 숙의했는데요, 다른 것은 다 받겠습니다. 그러나 축하공연 하나는 빼주십시오. 이번 행사는 장관님이 공직에 처음 등장하는 것입니다. 그대로 했다가는 언론에서 가만있지 않을 겁니다. 지금이 어느 땐데 축하공연이냐고 대서특필하면 처음부터 어렵게 됩니다."

정말 걱정이 되는지 무척 간곡한 어투였다.

"정 국장, 내게도 생각이 있어요. 모든 책임은 제가 질 테니 걱정하지 말고 그대로 준비해주세요."

관례 깬 한밤의 취임식

2008년 2월 29일. 과천청사에 도착하니 저녁 7시였다. 낮이 짧은 계절이라 이미 캄캄한 밤이었다. 대강당에는 농식품부 직원들과 산하기관·단체의 간부직원 1,000여 명이 모여 있었다. 자리가 부족해서 있는 직원들도 많았다.

국민의례를 마치고 사회자의 소개에 따라 취임사를 했다. '농업의 밀물시대를 열자'는 주제로 농림부가 농림수산식품부로 확대 개편된 의미, '돈 버는 농어업, 살맛나는 농어촌'을 위한 핵심 과제를 제시하고 힘을 모아 함께 이루어나가자고 당부했다.

취임사가 끝나자 장내가 소란스러워졌다. 다들 취임식이 끝난 줄 알고 자리를 뜰 준비를 하는 것이었다. 그때 사회자가 성악공연이 이어지겠다고 안내했다.

그러자 여기저기서 웅성거리기 시작했다. 길어야 이삼십 분이면 끝날 것으로 생각하고 저녁 약속을 잡아놓은 직원들은 난감할 수밖에 없었다. 앞자리에 앉아 있던 국장들은 '내일 언론에 대서특필될 터인데 어떻게 감당하려고 그러나' 하고 걱정하는 표정이 역력했다.

나는 모른 체 사회자를 불러 귓속말로 지시했다. "오늘 공연은 장관 취임 축하연이 아니고 직원화합의 한마당이라고 이야기해주세요."

"형제가 따로 살다 모여도 화합이 어려운데, 농림·수산·식품이 한 식구가 되었습니다. 세 가족이 모여 한 가족이 됨을 축하하는 화합의 무대를 열겠습니다."

사회자는 내가 미리 지시한 대로 공연의 취지를 설명했다. 지금까지 취임 축하연으로 알고 전전긍긍하던 간부들의 얼굴이 금세 환해지는 것을 볼 수 있었다.

공연팀이 등장하자 직원들은 요란한 박수로 화답했다. 30분간 화려한 화합의 무대가 이어지며 분위기가 한창 고조되었다.

"지금부터 신임 장관님의 농업 정책과 관련한 특강이 있겠습니다."

공연이 끝나고 사회자가 다음 순서를 소개하자 장내가 어수선해졌다. 밤 8시가 넘었는데 저녁식사도 거른 채 특강을 하겠다니…. 여기저기서 웅성거리는 소리가 들려왔다.

나는 연단으로 나가 마이크를 잡았다.

"저는 비닐하우스에서 5년 5개월을 살았습니다. 태풍 셀마가 닥쳤을 때는 하우스의 지붕이 날아가 뜬눈으로 절망의 밤을 보냈습니다. 현장의 농업인이라면 누구나 저처럼 쓰라린 경험을 갖고 농업을 지탱해왔습니다. 그런데 섬기는 정부를 국정지표로 삼고 출발하는 마당에 저녁 한 끼 안 먹었다고 이렇게 웅성거릴 수 있습니까? 저녁이 좀 늦더라도 어려운 농업인과 함께한다는 마음으로 공감해주시면 감사하겠습니다."

요란한 박수소리와 함께 웅성거리던 소리가 잦아들었다.

"오늘 이 자리에는 본부 직원뿐만 아니라 농협중앙회 회장 이하 간부들과 농촌진흥청, 농산물품질관리원, 수의과학검역원, 종자관리원, 식물검역소 식구들도 참석했습니다. 산림청 직원들은 대전에서, 수산과학원 직원들은 부산에서 오셨습니다. 한자리에 모이기 어려운 분들이 모였는데 취임식만 하고 끝낼 수 있겠습니까. 지금부터 신 정부의 '돈 버는 농어업, 살맛나는 농어촌'에 대한 정책을 말씀드리고자 합니다."

나는 그렇게 특강을 시작했다.

"수산과 식품이 결합해 농림부가 농림수산식품부로 바뀌었습니다. 30조의 농업이 식품과 결합해 150조의 규모로 커졌습니다. 농업이 이제 식품산업으로 나아갑니다. 농식품은 농업인 300만이 아니라 전 국민의 먹거리를 책임지는 부서로 바뀌었습니다. 농업의 패러다임이 농식품산업으로 부활하기 위해서는 화합이 절대적으로 요구되는 시기입니다. 농정개혁을 원활히 추진하기 위해서는 이 자리에 모인 여러분들이 장관의 농정 철학과 정책 방향을 하루빨리 공유해야 합니다. 그래서 늦은 밤 이 특강을 준비한 것입니다. 변화해야 합니다. 우리가 변해야 농업이 발전하고 살기 좋은 농촌이 될 것입니다."

장내 분위기가 숙연해졌다. 나는 취임사에서 '짧게' 밝힌 농업의 밀물시대를 열기 위해 구체적으로 무엇을 어떻게 해야 하는지 차근차근 설명했다. 농업인들의 조직화와 규모화, 차별화, 주인정신의 중요성을 강조했다. 거북선 5대 전략, 즉 농어촌뉴타운, 시군유통회사, 대규모 농업회사, 품목별 대표조직, 농식품 유통고속도로를 설명하고 농업을 농식품산업으로 부활시켜 돈 버는 농어업, 살맛 나는 농어촌을 만들어내자고 역설했다. 25년 농업 현장경험을 토대로 준비한 농업 부활의 청사진을 그대로 정책화시켜 설명했다. 말미에는 특강 내용을 토대로 각 부서가 정책을 수립해 대통령 업무보고 전까지 제출해줄 것을 요청했다.

"오늘 하루 우리는 저녁도 먹지 못했고, 뒤에 계신 300여 분은

줄곧 서서 행사에 임했습니다. 죄송합니다. 그러나 우리가 섬겨야 할 농업인들과 마음을 함께한 것으로 공감해주시기 바랍니다."

나는 밤늦게까지 함께해준 데 대한 감사의 말로 취임식 특강을 마무리했다.

취임식을 통해 나의 농정 철학과 의지를 전달하고 공유함으로써 텃새에 눌린 장닭이 아니라 공감하는 대장 닭으로 당당하게 등장할 수 있었다고 한다면 과장일까?

강당 벽에 걸려 있는 시계가 9시 30분을 가리키고 있었다.

소금이 식품입니까, 광물입니까

장관으로 발탁된 후 내가 제일 먼저 추진한 개혁은 '소금의 식품화'였다. 아마 이 말에 많은 분들이 고개를 갸웃거리며 의아해할 것이다. 소금은 식생활에 없어서는 안 되는 기초식품이다. 특히 된장, 고추장, 젓갈 등 우리의 발효식품에 꼭 필요한 것이기도 하다. 그런데 소금을 식품화하자니, 그렇다면 전에는 소금이 식품이 아니었다는 이야기인가?

그렇다. 불과 3년 전까지만 해도 소금은 식품이 아니었다. 광물이었다. 1963년 제정된 염관리법에 따라 천일염을 광물로 분류, 지식경제부(구 산업자원부)에서 관리하고 있었다. 우리 몸에 각종 영양과 미네랄을 공급해주는 기초식품 천일염을 암석이나 유리와 같은 광물로 취급한 것이었다.

사실 우리나라 서·남해안의 갯벌은 천일염 생산지로 최적의 조건을 갖추고 있다. 특히 신안군 도초면 일대는 유네스코의 생물권 보전 지역으로 지정되어 있다. 그래서 칼슘, 마그네슘, 칼륨 등의 영양소를 풍부하게 함유, 세계적인 소금 생산지로 알려진 프랑스의 게랑드 지역과 비교해도 손색이 없다.

그런데도 국내에서 생산되는 천일염은 게랑드 소금의 60분의 1 가격에 불과했다. 당연한 결과였다. 광물로 분류해 천대하니 상품 개발이나 마케팅이 이루어질 리 만무했다. 경쟁력이 없으니 정부에서는 구조조정에 나섰다. 1997년 8,700헥타르이던 염전을 1,400헥타르만 남기고 모두 없앤다는 계획에 따라 폐전비용을 지원하고 있었다.

이러한 사실을 가슴 아프게 여기고 있던 나는 장관으로 내정된 후 소금의 가치를 회복시켜야 한다고 생각했다. 농식품부가 발족된 만큼 광물로 취급받고 있는 천일염을 농식품부로 가져와 기초식품으로 산업화해야 한다고 마음먹었다.

기회는 생각보다 빨리 왔다. 취임도 하기 전이었다. 2월 18일, 이명박 당선자 주재로 국무위원 내정자 워크숍이 열렸다. 국정에 관한 공감대 형성을 위한 자리였다. 워크숍 마지막 시간에 당선자께서 부처 간 소통의 중요성을 강조하면서 소통을 위한 토론시간을 마련해주었다. 나는 당선자의 모두발언이 끝나기를 기다렸다가 손을 들고 발언권을 얻었다.

"식품을 결합해 농업을 살리겠다는 당선자님의 뜻에 따라 농식품부가 출범했습니다. 농식품의 근간이 되는 것 중의 하나가 바로 소금입니다. 여기서 제가 하나 여쭤보겠습니다. 소금이 식품입니까, 광물입니까?"

나는 먼저 그렇게 화두를 던졌다.

나의 당돌한 물음에 아무도 답하는 장관이 없자 모든 시선이 나에게 집중되었다.

"우리나라는 지난 1963년부터 45년 동안 소금을 광물로 취급했습니다. 천일염을 지식경제부에서 광물로 관리하는 바람에 소금의 가치가 턱없이 떨어졌습니다. 프랑스는 천일염을 개발해서 게랑드 해안에서 생산되는 천일염을 킬로그램당 6~9만 원에 팔고 있는 데 비해 남해안의 우리 천일염은 생산자가격은 킬로그램당 300원, 소비자가격은 1,000~2,000원에 불과합니다. 그렇게 광물로 취급하다 보니 3,000만 평이 넘었던 서해안의 보물 천일염전이 거의 폐전이 되어 골프장으로 전환되고, 이제 불과 400만 평 정도 남았습니다. 김치를 비롯한 된장, 간장, 고추장, 젓갈 등의 발효식품이 천일염의 조화 속에 빚어진 작품입니다. 이러한 천일염을 동력자원부, 산업자원부를 거쳐 이제 지식경제부 소관으로 두어 광물로 취급하다가 이제는 천일염전이 경쟁력이 없다면서 폐전 지원까지 하고 있습니다. 이제 농림부가 농식품부로 확대되어 출범했으니 하루빨리 천일염을 농식품부로 넘겨주십시오. 다시 말씀드리지만, 소금은 광물이 아닙니다. 식품입니다. 모든 음식의 근간이 되는 기초식품입니다. 그러면 프랑스의 게랑드 소금처럼 세계적인 식품으로 육성하겠습니다. 1,000억 원의 시장을 1조 원 시장으로 키우겠습니다."

내정자들은 내 주장에 공감을 표시했다. 당선자도 고개를 끄덕였다. 해당 부처인 지식경제부장관 내정자도 별다른 이의를 제기하지 않았다. 부처 이기주의 때문에 어떤 것도 가져오기가 무척 어려운 현실에서 나는 취임 전이라는 이 좋은 기회를 놓칠 수 없었다.

천대받던 소금의 변신

그후 행정 절차를 거쳐 취임 한 달 보름 만에 소금이 농식품부의 '품'으로 들어왔다. 광물로 천대받던 소금이 비로소 제자리를 찾은 것이었다.

그것은 우리 고유의 음식문화를 되살려내겠다는 나의 계획의 첫 단계였다. 그후 나는 천일염을 기반으로 하는 된장, 간장, 고추장, 김치, 젓갈을 5대 발효식품으로 선정, 세계적인 명품으로 육성하는 한식세계화사업을 시작했다.

그로부터 3년여의 시간이 지난 지금 천일염은 화려하게 변신했다. 지수화풍(地水火風)이 빚은 최고의 건강식품으로 새롭게 조명되고, 국민들의 인식과 관심도 크게 달라졌다. 두바이의 칠성호텔에서 게랑드 대신 신안에서 생산되는 천일염을 사용키로 하는 등 국제적인 명성도 얻기 시작했다.

이에 힘입어 전라남도를 비롯한 지자체에서도 장기계획을 세워 천일염을 새로운 성장산업으로 육성하고 있다. 공동브랜드 사용, 소금박람회 개최 등 다양한 사업을 착실히 진행하고 있다.

대형 식품회사인 대상과 CJ도 천일염사업에 진출했다. 지자체와 공동으로 생산에서 가공까지 원스톱으로 처리하는 산지 처리장을 준공하고 겟솔트, 허브맛솔트 등 브랜드 소금 개발에도 박차를 가하고 있다.

3년 전만 해도 광물로 분류돼 천덕꾸러기로 취급받던 천일염이 '백색황금'으로 거듭나고 있다. 천일염의 화려한 변신, 그 이면에는 인식의 전환이 있었다. 광물로 취급받던 천일염을 기초식품으로 바라본 인식의 전환, 그것이 천일염의 변신을 이끈 원동력이다.

농업의 패러다임을 바꾸자

2008년 2월 29일, 나는 관례를 깬 한밤의 장관 취임식장에서 특강을 통해 농정개혁의 의지와 방향을 제시했다.

농업과 식품을 결합한 농식품산업의 육성, 1차산업인 농업을 2차·3차 산업과 연계하는 6차산업화, 수요자 중심의 현장 농정 등을 통해 농업의 패러다임을 공급과잉시대에 맞게 바꿔나가겠다고 천명했다. 아울러 농어촌뉴타운 조성, 시군 단위 유통회사 설립, 품목별 국가대표조직 육성, 대규모 농어업회사 육성, 농식품 유통고속도로 구축 등을 농정개혁의 5대 핵심과제로 제시했다.

농촌을 젊은 사람이 찾는 곳으로

농어업이 발전하기 위해서는 농어촌에 젊은 사람들이 늘어나야 한다. 고령화가 심각한 농어촌의 현실을 감안하면 적어도 5만 가구 정도는 도시에서 농어촌으로 내려와야 한다. 그러나 도시에서 마땅한 일이 없어 농촌으로 내려오고 싶은 마음이 있다 해도 내려오기가 어렵다. 생활여건이 열악하고 아이들 교육도 힘든 데다 어울릴 친구도 없고 벌이도 시원찮기 때문이다.

그래서 구상한 것이 '농어촌뉴타운'이다. 농어촌에 주거환경과 교육여건을 완비한 중소도시 수준의 뉴타운을 만들어 도시의 젊은 가구들이 내려올 수 있도록 하자는 것이다. 뉴타운을 건설해 생활에 불편이 없도록 하고, 기숙형 사립고, 대학 특례입학 등을 통해 교육여건을 개선해주며, 200~300가구씩 유치해 서로 어울려 살 수 있도록 하고, 교육과 정책 지원을 집중해 정예 농업인력으로 육성하자는 것이다. 이렇게 주거, 교육, 친교, 경제 문제를 함께 해결해주면 도시의 많은 젊은이가 농촌으로 내려올 수 있을 것이라는 확신에서였다.

취임 직후 나는 이러한 구상을 가지고 국토해양부장관을 만났다. 국토해양부에서 추진하는 임대주택 50만 호 가운데 5만 호 정도만 농어촌뉴타운으로 전환해달라고 여러 차례 부탁했다. 교육기술과학부장관과도 만나 이명박 대통령이 공약한 기숙형 공립고 등을 농어촌뉴타운과 연계하는 방안에 대해 협의했다. 관련부처가 함께 참여해 주거, 문화, 교육 등 모든 여건을 동시에 해결해줘야 농어촌뉴타운이 성공할 수 있기 때문이었다.

산지가 소비시장에 종속되지 않으려면

농어촌에 젊은 사람들이 늘어난다 해도 개개인의 역량으로는 한계가 있다. 역량을 키우고 경쟁력을 높이기 위해서는 조직화를 통해 규모화하고 전문화해야 한다.

지난 일이십 년 동안 소비시장은 엄청난 규모로 발전했다. 이마트, 홈플러스, 롯데마트 같은 대형 마트가 급성장하고, TV홈쇼핑 등 새로운 유통채널이 정착되면서 30조 원이 넘는 거대시장으로 탈바꿈했다. 시장가격은 이제 대형 마트에서 결정되고 있다.

이에 비해 산지는 아직도 영세하다. 대부분이 10~20억 원 규모고, 큰 조직이라고 해야 100억 원에서 500억 원 규모다. 소비지 조직은 탱크 바퀴로 굴러가는데 산지 조직은 자전거 바퀴도 굴리기 힘든 실정이다.

이런 상태로는 게임이 되지 않는다. 산지가 소비시장에 종속될 수밖에 없다. 교섭능력이 부족하니 소비시장의 요구에 끌려다니다 결국 무너지고 마는 악순환이 반복되는 것이다.

이러한 문제점을 극복하기 위해서는 조직화를 통해 산지를 규모화하고 전문화해야 한다. 그것이 시군 단위 유통회사다. 농업인과 지자체와 농협 등이 힘을 모아 시군 단위에 농산물종합상사 역할을 하는 유통회사를 만들고, 이 유통회사를 중심으로 지역 내 농산물 판매를 일원화하면 소비시장에 맞서 산지의 교섭력과 영향력을 확대할 수 있을 것이다.

조직화를 위한 또 하나의 대안은 품목별 국가대표 조직이다. 오늘날의 농업은 품목 중심이다. 생산과 유통, 가공, 판매, 수출 등 모든 과정이 품목을 중심으로 이루어지고 있다. 그래서 품목별 조직이 필요하다. 그러나 조직이 난립해서는 안 된다. 지역별로 조직이 운영되면 제 살 깎아먹기 경쟁밖에 되지 않는다. 전국 단위의 국가대표 조직이 필요하다.

국가대표 조직이 구성되면 해당 품목에 관한 모든 것을 주체적으로 해결할 수 있다. 생산물량을 조절하는 것도, 가격을 조절하는 것도 가능하다. 정부는 대표 조직을 파트너 삼아 필요한 정책이나 자금을 지원할 수 있다.

여건이 구비된 지역이라면 대규모 농업회사를 육성할 수 있다. 현재 개발 중인 새만금 간척지 등이 대상이 될 수 있다. 간척지에는 규모화가 가능한 공간이 있으므로 이를 잘 활용하면 축산과 농업, 원예를 연계한 대규모 자연순환형 농업을 실현할 수 있다.

그러기 위해서는 간척지를 임대해야 한다. 조각조각 나누어 분양하지 말고 민간회사와 농업인들에게 임대해 대규모 농업용으로 사용하게 해야 한다. 청과물종합처리장(APC), 축산물종합처리장(LPC), 미곡종합처리장(RPC)을 건설해 농업인들이 함께 이용할 수 있게 해야 한다.

또한 생산에서 상품까지의 모든 공정을 하나의 단지 내에서 해결해야 한다. 그래야 불필요한 비용을 줄이고 생산성을 높일 수 있으며, 치열한 국제 경쟁을 뚫고 세계시장에 진출할 수 있다. 대규모 농업회사가 앞장서서 수출을 이끌고, 시군 단위 유통회사가 뒷받침하면 글로벌마케팅도 불가능하지 않을 것이다.

이와 같은 방식으로 사람과 조직을 육성해 생산과 유통을 규모화, 전문화하면 소비시장에 대한 영향력이 강화된다. 그렇게 되면 복잡한 중간유통을 거칠 필요가 없다. 생산지에서 소비지로, 농장에서 식탁으로 직접 가면 그만큼 시간과 비용을 단축해 수익을 높일 수 있다. 그것이 바로 농식품 유통고속도로다.

농업과 식품을 결합하면 지속적인 성장산업이 될 수 있다. 그런 방향으로 패러다임을 바꿔 농업의 블루오션을 창출하는 것, 그것이 내가 추진하는 농정개혁의 최종 목표였다.

그 목표를 위해 나는 5대 핵심과제를 제시하고 구체적인 실천방안 마련에 착수했다. 취임식 특강, 농업인단체장 간담회 등을 통해 정책 방향과 내용을 설명하고 적극적인 동참을 이끌어냈다. 현장 농업의 주체인 전국 125개 시군의 시장, 군수들과 함께 농정워크숍을 개최, 밤을 지새우며 농업을 살리고 농촌을 발전시키는 방안에 대해 토론했다. 시군 단위 유통회사, 농어촌뉴타운 등 내가 구상한 개혁정책을 공유하고, 현장 중심, 수요자 중심의 정책 추진에 대해 공감대를 형성했다.

그렇게 뜻과 힘을 모아 농정개혁에 박차를 가하던 4월 초, 뜻하지 않은 암초가 내 앞을 가로막았다.

도전 5

촛불의 광풍을 넘어

방법은 소통뿐이다. 시위대와의 소통을 통해 신뢰를 회복하는 것만이 사태를 해결하는 유일한 길이다. 소통을 위해서는 만나야 한다. 시위대를 찾아가 정부 입장을 설명하고, 잘못에 대해서는 솔직하게 사과해야 한다. 그렇게 진정성을 보여야 소통의 길을 열 수 있다.

뿌옇게 동이 트고 있었다. 나는 마음을 정했다.

뜨거운 감자, 한·미 쇠고기 협상

미국산 쇠고기 수입위생조건에 관한 협의, 일명 '한·미 쇠고기 협상'은 새 정부 출범 이전부터 뜨거운 감자였다. 지난 정부에서 시작해 1년 가까이 진행되었지만 대선과 총선 등 정치상황과 맞물려 타결되지 못했고, 결국 새 정부의 손으로 넘어왔던 것이다.

2003년 12월 미국에서 광우병이 발생하자 우리 정부는 미국산 쇠고기 수입을 전면 중단했다. 1980년대 중반 유럽을 휩쓸었던 광우병에 대한 공포가 남아 있는 상황에서 당연한 조치였다.

2005년 5월 국제수역사무국(OIE)은 30개월 미만의 뼈 없는 쇠고기에 대해 교역자유화 규약을 채택했다. 오랜 연구 끝에 뼈를 제거한 30개월 미만의 살코기는 광우병으로부터 안전하다는 결론을 내린 것이다.

이를 근거로 한·미 양국은 쇠고기 협상을 진행, 2006년 9월부터 30개월 미만 뼈 없는 살코기의 수입을 재개했다. 변경된 'OIE 규약'에 근거하여 수입을 재개한 것이다. 이에 대해 야당과 시민단체 등에서 거세게 반발하자 정부는 엑스레이 검출기까지 동원해 손톱만한 뼛조각을 찾아내 이를 근거로 수입을 전면 금지했다. 그러자 '세계에서 유례가 없는 조치'라며 미국 측에서 크게 반발, 쇠고기를 둘러싼 양국 간의 관계가 최악으로 치달았다.

그 와중인 2007년 5월 미국은 OIE가 요구하는 엄격한 기준을 충족시켜 광우병 위험 통제국 지위를 획득했다. 광우병이 발생해도 통제할 수 있다고 공인받은 것이었다.

OIE는 광우병 위험 통제국의 경우 소의 연령에 제한을 두지 않고 특정위험물질(SRM)을 제외한 모든 부위의 교역을 인정하고 있었다. 따라서 미국은 새로운 기준에 의해 수입위생조건을 개정하자고 요구했고, 우리 정부 또한 응할 수밖에 없었다.

더구나 우리에게는 한·미 FTA라는 약점이 있었다. 미국은 광우병 위험 통제국 지위 획득을 앞둔 2007년 3월부터 쇠고기 문제의 해결 없이 한·미 FTA 타결은 있을 수 없다며 우리 정부를 강하게 압박했다.

결국 노무현 대통령이 직접 미국의 부시 대통령에게 전화를 걸어 쇠고기 문제 해결을 약속함으로써 FTA 협상이 타결되었다.

미국이 통제국 지위를 획득했을 때부터 한·미 양국은 공식·비공식 경로를 통해 서로의 입장을 조율해왔다. 아시아태평양경제협력체(APEC) 회의 때 열린 한·미 통상장관회담(2007. 9. 4)과 정상회담(2007. 9. 7), 1차 미국산 쇠고기 수입위생조건 기술협의(2007. 10. 11~12) 등을 통해 OIE기준에 따른 수입위생조건 개정 문제를 구체적으로 협의했다.

이후 우리 정부는 수차례 관계장관회의를 열어 우리 측 안을 마련했고, 2007년 12월 17일 '미국이 강화된 사료금지조치를 공표하면 OIE기준을 완전히 준수하겠다'는 최종안을 확정했다. 아울러 정권 교체 전에 한·미 FTA 비준과 쇠고기 문제를 매듭짓겠다고 약속했다.

그러나 대선에서 패배한 참여정부는 약속 이행을 뒤로 미뤘고, 협상은 결국 새 정부의 몫으로 넘어왔다. 미국 정부는 새 정부가 출범하자마자 협상 재개를 요청해왔다. 우리 정부도 더는 미룰 수 없는 상황이 되었다.

운신의 폭 좁았던 어려운 협상

취임한 지 한 달밖에 되지 않은 내게 쇠고기 협상은 큰 부담이었다. 수입이 재개되면 직접적인 피해를 입게 될 축산농민들의 반발, 엑스레이 검출기로 뼛조각까지 찾아내 수입을 금지했는데 이제는 뼈 있는 쇠고기도 수입한다고 할 때 국민들이 보일 반응 등을 염려하지 않을 수 없었다.

취임을 앞두고 열린 인사청문회에서도 쇠고기 협상에 대해 집중적인 질문이 쏟아졌다. 나는 FTA 협상을 먼저 타결한 후 쇠고기 협상을 진행하는 것이 좋겠다는 의견을 개진했다. 그렇게 해야 조금이라도 운신의 폭을 넓힐 수 있기 때문이었다.

그러나 협상은 우리만의 문제가 아니라 국가 간의 신뢰가 걸려 있는 문제였다. 이미 엑스레이 검출기까지 동원한 뼛조각 검역으로 미국과의 관계가 최악인 상황에서 1년이나 미뤄온 것을 또 미룰 수는 없다는 것이 정부의 입장이었다. 4월 1일 열린 관계장관회의에서도 나는 FTA 협상 타결 후 쇠고기 협상을 진행하자고 주장했다. 하지만 혼자 힘으로 정부의 결정을 바꿀 수는 없었다. 결국 2007년부터 협상을 담당해온 민동석 차관보를 수석대표로 임명해 협상에 임했다.

협상은 난항을 거듭했다. 쟁점이 다 표면화되어 있었고 1년 이상 끌어온 협상이라 4월 14일을 1차 시한으로 잡았다. 그러나 시한을 넘긴 4월 15일에도 의견 차이를 좁히지 못했다. 미국 측의 입장이 너무나 강경했기 때문이었다. 이번 기회에 '뼛조각 피해'를 만회하려는 듯, 그들은 'OIE기준 완전 준수'라는 자신들의 입장에서 한 발짝도 움직이지 않았다.

이대로는 안 되겠다고 판단한 나는 민 대표를 통해 '내가 사표를 내겠다'는 강경한 입장을 미국 측에 전달하고 협상을 중단시켰다. 그러자 위기감을 느낀 미국 측에서 입장을 바꿔 협상 재개를 요청했다. 17일 재개된 협상에서는 조금이라도 더 얻으려는 양국 간의 밀고 당기는 실랑이가 자정이 넘도록 계속되었다.

뜬눈으로 밤을 새우다시피한 나는 다음 날 아침에야 협상 타결을 전하는 민 대표의 전화를 받았다. 아침 5시 30분경이었다.

〈PD수첩〉과 촛불의 광풍

4월 18일 민동석 대표는 기자회견을 통해 협상 결과를 발표했다. "1단계로 30개월 미만의 소에서 SRM(특정위험물질)을 제외하고 갈비 등 뼈를 포함한 쇠고기 수입을 허용하고, 2단계로 미국이 강화된 사료금지조치를 공포할 경우 30개월 이상의 소에서 생산된 쇠고기도 수입을 허용한다."

예상대로 국민들은 실망스럽다는 반응을 보였다. 지난 정부가 뼛조각까지 찾아내 수입을 금지한 사실을 알고 있는 국민들이었다. 뼈 있는 쇠고기까지 수입한다는 협상 결과를 선뜻 받아들이기 어려울 것이었다. 일부 시민단체에서는 노골적으로 불만을 제기했다.

그러나 협상 자체를 문제 삼지는 않았다. 광우병을 걱정하는 분위기도 아니었다. 1년 사이 달라진 정부의 입장, 그것이 비난의 대상이었다.

시간이 지나면서 그런 분위기도 점차 수그러들었다. 미국이 광우병 위험 통제국 지위를 획득하면서 수입위생조건의 기준이 달라졌다는 정부의 설명을 받아들이는 분위기였다.

축산업계도 수입 재개를 어쩔 수 없는 현실로 받아들이고 정부의 후속대책 추진에 신경을 곤두세웠다.

나도 후속대책 추진에 집중했다. 국경 검역을 강화하고 원산지표시를 확대하는 내용의 축산물 안전관리대책과 축산업발전대책을 발표했다.

생산자단체·소비자단체 대표들과 공동으로 원산지표시 단속반 발대식을 갖고 거리행진을 벌였다. 수입 쇠고기의 둔갑판매를 원천 봉쇄해 한우시장을 차별화해나가자고 함께 의지를 다졌다.

그렇게 협상 결과를 현실로 받아들이고 후속대책 마련에 여념이 없던 4월 말, 미처 생각지도 못한 곳에서 거대한 폭발음이 울렸다. MBC-TV 시사프로그램인 〈PD수첩〉이 진앙지였다.

공포의 광우병 드라마

지저분한 도축장에서 한 남자가 쓰러진 소를 전기 충격기로 찌르고 있다. 물대포를 쏘기도 한다. 비틀거리며 일어서던 소는 이내 중심을 잃고 주저앉는다. 몸에 소름이 돋을 정도로 음산하고 섬뜩한 배경음악이 흐른다.

화면이 바뀐다. 장례식 장면이다. 어머니가 절규한다. 미국인 여학생의 죽음이다. 내레이터는 인간광우병이 원인일 수 있다고 말한다. 우리에게도 그런 충격이 올지 모른다고 덧붙인다.

다시 화면이 바뀐다. 진행자와 취재를 담당한 PD가 이야기를 나눈다. 화면 배경에는 '광우병 쇠고기, 목숨 걸고 먹어야 합니까?'라고 쓴 현수막이 걸려 있다.

"광우병 쇠고기는 끓이거나 익혀도 감염물질이 사라지지 않는다… 한국인의 유전자는 광우병에 걸릴 확률이 특히 높아 94%나 된다… 농식품부가 미국의 실정을 잘 모르거나 알면서도 숨기고 수입위생조건 개정에 합의했다…"

그리고 프로그램을 마무리하는 진행자의 멘트가 이어진다.

"과거 친일 매국노처럼 오늘, 특히 국정을 책임지고 있는 사람들은 역사에 부끄러운 짓을 하고 있지 않은지 한번 생각해봐야 할 것 같습니다."

2008년 4월 29일 〈PD수첩〉은 그렇게 '미국산 쇠고기, 광우병으로부터 안전한가?' 편을 방영했다.

나는 가슴이 철렁 내려앉았다. 미국에 있는 소는 모두 광우병에 걸린 것처럼 느껴졌다. 미국산 쇠고기를 먹으면 금방이라도 광우병에 걸려 죽을 것 같았다.

진행자의 마무리 멘트는 섬뜩하다 못해 살벌했다.

'친일 매국노처럼… 역사에 부끄러운 짓…'

그의 멘트에 따르면 협상을 담당한 사람은 정상이 아니었다. 국민들을 광우병의 구렁텅이로 몰아넣고 나라를 팔아먹은 매국노였다. 협상을 지휘한 내가 듣기에도 그런데, 일반 국민들의 귀에야 오죽하겠는가.

방송이 끝나자마자 컴퓨터를 켰다. 포털 사이트마다 〈PD수첩〉과 광우병에 대한 기사가 쉴 새 없이 올라오고 있었다. 기사마다 수십, 수백 개씩 달리는 댓글들…. 온라인은 이미 광우병 공포로 도배되고 있었다.

불안은 불안을 낳고

긴급회의를 소집해 대책 마련에 들어갔다. 우선 사실을 정확히 알려 국민들의 불안심리 확산을 차단하는 데 주력했다.

"동물성사료 금지조치 이후에 태어난 소는 광우병 발생 사례가 없다… 2000년대 들어 미국에서 인간광우병은 단 한 건도 발생하지 않았다…"

담화문과 방송 인터뷰 등을 통해 나는 이러한 사실을 알리고 걱정하지 않아도 된다고 국민들을 안심시켰다.

그러나 이미 때는 늦었다. 한번 불붙은 불안과 우려는 들불처럼 걷잡을 수 없이 번졌다. 일부 신문과 인터넷매체의 무분별한 과장 보도는 번지는 불길에 기름을 퍼붓는 격이었다. 우려가 우려를 낳고 불안이 불안을 낳았다.

'라면 수프와 소뼈로 만든 알약 캡슐, 화장품, 생리대, 기저귀를 통해서도 광우병에 걸릴 수 있다… 살코기나 혈액, 소변 등에서도 변형 프리온이 발견되고 수혈을 통해서도 전파된다… 쇠고기를 조리할 때 사용한 칼과 도마, 심지어 수돗물을 통해서도 광우병에 감염될 수 있다… 미국은 20개월 미만의 쇠고기를 먹고, 광우병 위험이 큰 30개월 이상은 한국에 수출한다…'

출처도 알 수 없는 괴소문까지 생겨나 인터넷을 타고 급속히 확산되었다. 일부 언론은 이런 괴소문을 사실처럼 보도해 국민들의 불안과 공포를 가중시켰다.

그럴수록 나는 몸이 달았다. 방송 인터뷰, 끝장토론, 신문광고 등 동원할 수 있는 모든 방법을 다 동원해 국민들을 설득하려 했다.

"광우병은 초식동물에게 육식을 공급해 생긴 질병이다. 자연의 섭리를 깨고 조금 더 얻으려는 인간의 탐욕이 빚은 재앙이다. 우리 조상들은 오래전부터 그런 혜안을 갖고 여물통에 동물의 뼈다귀라도 섞이면 기겁을 하고 골라냈다."

광우병의 원인을 분명히 설명해 구제역이나 조류 인플루엔자(AI) 처럼 세균이나 바이러스에 의해 전염되는 것이 아님을 설득했다.

'광우병이 유럽을 휩쓸었던 1980년대 중반에도 동물성사료의 수입과 사용을 금지한 스웨덴에서는 광우병 소가 한 마리도 발견되지 않았다'는 객관적인 사실을 제시하며 광우병의 공포가 과장되고 조장된 것임을 누누이 설명했다.

그러나 아무 소용이 없었다. 이미 광풍에 휩쓸린 사람들의 귀에 내 목소리는 들리지 않았다. 아무리 얘기를 해도 누구 하나 귀담아 듣지 않았다.

5월 2일. 공포에 짓눌린 여중생들이 촛불을 들고 청계광장으로 나왔다. 인터넷과 휴대폰을 통해 정보를 주고받으며 점점 더 많은 학생들이 모여들었다. 대학생과 회사원들도 합세했다. 젊은 엄마들까지 유모차를 끌고 나왔다.

"광우병 쇠고기를 먹느니 차라리 청산가리를 먹겠다!"

"미친 소 먹여 서서히 죽여라!"

청소년들에게 영향력이 큰 일부 연예인까지 나서서 자극적인 언사로 불에 기름을 퍼부었다. 촛불이 촛불을 불렀고, 바람을 타고 광풍으로 번졌다.

2008년 5월. 대한민국 전체가 촛불의 광풍으로 불타올랐다.

〈PD수첩〉에 대한 MBC의 이상한 사과

"문화방송은 지난 2008년 4월 29일 방송된 〈PD수첩〉 '긴급취재! 미국산 쇠고기, 과연 광우병에서 안전한가'라는 보도와 관련해 국민에게 사과드립니다. 대법원이 형사상 명예훼손에 대해서는 무죄 판결을 내렸지만, 보도의 주요 내용은 허위라고 판시해 진실 보도를 생명으로 하는 언론사로서 책임을 통감하고 있습니다…

〈PD수첩〉이 한·미 쇠고기 협상 절차를 점검하고 문제점을 지적하려 한 것은 정당한 취재 행위였습니다. 그러나 기획 의도가 아무리 정당하다고 해도 프로그램을 지탱하는 핵심 쟁점들이 '허위사실'이었다면, 그 프로그램은 공정성과 객관성은 물론 정당성도 상실하게 됩니다. 지난 2008년 미국산 쇠고기 수입 협상 논란과 광우병이 전 국민의 주요 관심사였던 시점에 문화방송이 잘못된 정보를 제공한 것은 어떤 이유로도 합리화될 수 없습니다. 당시 문화방송의 잘못된 정보가 국민의 정확한 판단을 흐리게 해 혼란과 갈등을 야기했다는 지적도 겸허하게 받아들입니다."

2011년 9월 5일 오후 9시, 문화방송은 〈뉴스데스크〉 방송에 앞서 〈PD수첩〉의 광우병 보도와 관련해 국민 앞에 사과했다. 다음 날에는 주요 일간지에 같은 내용의 사과광고를 게재했다.

그에 앞서 대법원은 〈PD수첩〉 제작진을 상대로 한 명예훼손 소송에서는 무죄를 선고하고, 정정 반론보도 청구 소송에서는 허위사실 보도가 인정된다고 판결했다. 주요 쟁점 세 가지를 허위사실로 인정했지만 고의성을 인정할 수 없어 제작진에 대해서는 무죄를 판결한 것이었다.

2009년 3월, 내가 〈PD수첩〉 제작진을 명예훼손 혐의로 고소한 것은 촛불정국에 대한 실체적 진실을 규명하기 위해서였다. 온 나라를 공포에 떨게 했던 광우병 파동이 왜 일어났는지, 무엇이 옳고 무엇이 그른지, 사실을 사실대로 밝혀 역사의 교훈으로 삼기 위해서였다.

그런 까닭에 나는 허위사실 보도를 인정하면서도 고의성은 없다고 판단한 사법부의 판결에 동의할 수 없다. 하지만 광우병 파동을 촉발시킨 〈PD수첩〉 보도의 주요 내용이 허위사실이었음을 밝혀 실체적 진실을 규명한 것은 그나마 다행한 일이다.

촛불정국의 격랑 속에서

　예상치 못한 촛불정국으로 가장 큰 곤경과 어려움에 처한 곳이 농식품부였다. 농업과 수산, 식품의 결합으로 새로운 농식품 개혁을 정착시키기 위해 진력하던 농식품부 공무원들은 예기치 못한 촛불정국까지 대처하느라 눈코 뜰 새 없이 바빴다. 많은 직원들이 휴일까지 반납해가며 밤낮없이 일했지만 촛불의 광풍은 커져만 갔고, 그럴수록 직원들의 몸과 마음은 지쳐만 갔다.

　그런데다 쇠고기 협상과 관련해 비난과 지탄의 대상이 되면서 직원들의 사기는 떨어질 대로 떨어졌다. 소금에 절인 배추처럼 푹 가라앉았다.

　나 또한 마찬가지였다. 〈PD수첩〉의 보도가 왜곡된 것임을 알리고 국민들을 안심시키기 위해 백방으로 뛰었지만 돌아오는 것은 '매국노'니 '광우병 오적'이니 하는 비난과 저주뿐이었다.

언제부턴가 나는 아침에 출근해 청사에 도착하면 제일 먼저 유아방에 들러 아기들을 바라보는 버릇이 생겼다.

농식품부 건물 1층에는 유아방이 있었다. 정부청사에서 운영하는 부처 통합 유아방이 농식품부 건물 내에 새롭게 설치된 것이었다. 5개 청사에 근무하는 맞벌이 부부를 위한 것으로, 28명의 유아들이 이용하고 있었다.

아무것도 모르고 뛰어노는 아기들의 해맑은 웃음과 깨끗한 눈망울, 그 천진난만한 모습이 보기 좋아 매일 아침 그곳에 들렀다. 그러자 낯이 익었는지 나를 보면 아장아장 걸어오는 아기들도 생겼다. 어느 날인가는 뒤뚱거리며 다가오다 발을 헛디뎌 넘어지기도 했다. 얼른 다가가 일으켜 세우며 안아주었다. 그러면 찡그린 얼굴을 활짝 펴고 해맑게 웃는 것이었다.

문에 등을 기대고 서서 아기들의 그런 모습을 바라보고 있으면 마음이 차분해지고 정화되는 느낌이었다. 힘들고 고통스러운 촛불 정국의 하루하루, 나는 아기들의 해맑은 눈동자를 보면서 겨우 중심을 잡을 수 있었다. 초심으로 돌아가 마음을 다잡는 시간이었다.

새로운 의욕도 생겼다. 이 아기들의 미래를 위해서라도 국민 건강과 식탁 안전을 지켜내리라 마음속으로 다짐하곤 했다.

나는 퇴임 하루 전에도 유아방을 찾았다. 아기들의 고사리 같은 손을 일일이 잡아주며 건강하게 자라 나라의 기둥이 되어주기를 기원했다. 어머니들에게는 《품격 있는 아이로 키워라》라는 유아교육용 책을 한 권씩 선물하며 훌륭한 아이로 키워줄 것을 당부했다.

3가지 안 되는 이유, 3가지 해결책

아기들과의 행복한 시간도 잠시, 집무실로 올라오면 또다시 촛불 정국의 하루하루가 이어졌다. 촛불을 들고 거리로 나서는 시위대는 하루가 다르게 늘어만 갔다. 시도 때도 없이 전화를 걸어 온갖 욕설과 저주를 퍼붓는 사람도 한둘이 아니었다. 연일 가중되는 업무로 하루가 다르게 지쳐가는 직원들을 보는 것도 견디기 힘들었다.

그럴 때면 나는 담배를 찾았다. 그러나 집무실에서는 담배를 피울 수 없었다. 청사는 금연건물이었고, 나는 취임 직후 건물 내에서는 금연을 실천하겠다고 비서실 직원들과 약속한 터였다. 그렇다고 건물 밖의 흡연구역으로 나가자니 그곳을 이용하는 직원들이 불편해할 것이었다.

결국 나는 바람이나 쐬겠다며 옥상으로 올라갔다. 텅 빈 옥상의 가장자리에서 관악산을 바라보며 담배를 피워 물었다. 푸르른 관악산의 녹음을 보니 피로에 찌든 심신이 한결 풀리는 것 같았다.

그날 이후 나는 종종 옥상을 찾았다. 촛불의 광풍이 커져갈수록 옥상을 찾는 횟수도 점점 늘어났다.

그날도 집무실에서 업무를 보다 담배를 피우기 위해 옥상으로 올라갔다. 때마침 시원한 산바람이 불어와 답답한 가슴을 씻어주었다.

그 순간 한 가지 생각이 떠올랐다. 이 넓은 옥상을 나뿐만 아니라 모든 직원들이 이용할 수 있도록 휴식공간으로 만들면 좋겠다는 생각이었다.

옥상을 공원으로 만들면 관악산과 어울려 훌륭한 휴식공간이 될 것 같았다. 직원들이 올라와 관악산을 바라보며 정책 구상도 하고, 열린 마음으로 회의도 하고, 민원인들과 대화도 하고… 특히 콘크리트 건물이라 여름에 옥상이 열을 받아 꼭대기층이 더워지는 문제도 해결할 수 있다니 더욱 의욕이 생겼다.

나는 운영지원과장을 불러 내 생각을 전하고 구체적인 검토를 지시했다. 다음 날 그는 세 가지 '안 되는 이유'를 들어 추진이 어렵다고 보고해왔다.

"첫째, 청사 관리는 행정안전부 소관입니다. 우리 마음대로 할 수 없습니다. 둘째, 옥상에 흙을 쌓으려면 역학조사를 해야 합니다. 셋째, 예산은 1년 전에 결정됩니다. 지금 그 일을 할 수 있는 예산이 없습니다."

바로 큰소리로 꾸짖고 싶었지만 일단 알았다고 했다. 그날 이후 많은 고민을 했다. '할 수 없는 일'을 할 수 있도록 만드는 방법이 무엇일까? 남들이 다 안 된다고 하는 일도 된다고 믿고 해결방안을 모색하면 길이 열리는 것을 경험하지 않았던가? 농식품부 직원 모두를 위한 일인데, 해보지도 않고 포기할 수는 없지 않은가? 조경회사에 확인도 해보고 나름대로 준비를 한 다음 운영지원과장을 다시 불렀다.

"며칠 전 말씀드린 옥상공원에 대해서 말씀드리고자 합니다. 첫째, 행정안전부에는 내가 직접 장관께 협조를 구하겠습니다. 둘째, 확인해보니 흙은 일반 흙 대신 가벼운 대용토를 쓰면 역학조사를 하지 않아도 될 것입니다. 셋째, 현재 농식품부장관이 편성권을 갖는 1년 예산이 15조 원입니다. 그런데 3억 원 정도의 예산도 쓸 수 없다면 말이 되겠습니까? 만들어보세요."

행정안전부에서는 내 요청을 수용했다. 예산에 책정되지 않은 비용이 문제였는데, 10% 비용 줄이기 운동으로 확보한 예산을 활용할 수 있었다.

그렇게 해서 공사에 착공했고, 퇴임 하루 전인 8월 5일 가준공 상태에서 조촐한 준공식을 열었다. 공원 이름은 직원들의 공모를 거쳐 '하늘공원'으로 정했고, 나는 입구에 '농어업의 밀물시대를 여는 하늘공원'이라는 표지석을 세웠다. 과천 정부종합청사의 '첫' 옥상공원은 그렇게 완공되었다.

하늘공원과 촌지

내가 장관으로 재임한 6개월 동안 정말로 고생한 것은 농식품부 직원들이었다. 새롭게 시작한 농정개혁을 정착시키기 위해, 100일 가까이 계속된 촛불정국에 대처하기 위해 밤낮없이 매달렸다. 장관 으로서 그런 직원들을 위해 무엇 하나 해준 게 없어 미안한 마음이 었는데 그래도 하늘공원을 선물할 수 있어 마음의 부담을 조금이 나마 덜 수 있었다.

퇴임하는 날, 이임식을 마치고 나는 차관에게 '촌지 봉투'를 전달 했다. 촛불정국 3개월 동안 내가 받은 급여였다. 국민들의 마음을 제대로 헤아리지 못해 직원들의 사기를 떨어뜨리고 불필요한 업무 만 가중시켰다고 생각하니 그냥 떠나올 수가 없었다. 고생한 직원 들을 위해 썼으면 좋겠다는 뜻과 함께 농식품부에 기탁하고 나왔 다. 후에 들으니 직원들이 주말이나 휴가철에 사용할 수 있도록 콘 도 이용권을 구입하는 데 썼다고 한다. 촛불정국으로 밤낮없이 일 에 매달렸던 직원들을 위한, 글자 그대로 '촌지(寸志)'였다.

매국노 정운천은 물러가라

〈PD수첩〉의 광우병 보도 이후 나는 졸지에 '국민 건강을 팔아먹은 매국노'로 매도되었다. 인터넷의 관련 기사마다 내게 저주와 악담을 퍼붓는 댓글이 수백 수천 개씩 이어졌고, 인터넷 포털사이트 다음의 '아고라'에서는 나를 몰아내자는 청원운동까지 펼쳐졌다.

"국민 건강을 팔아먹은 광우병 오적! 우리가 처단합시다!"

"매국노 정운천, 네 죄를 네가 알고 즉각 사퇴하렷다!"

"미친 미국 쇠고기, 너나 실컷 처먹고 뒈져버려라!"

촛불시위가 광풍이 되어 확산되면서 나에 대한 비난과 저주도 도를 더해갔다. 매국노, 광우병 오적, 미친 소 장관… 듣기에도 섬뜩한 말들이 관형사처럼 내 이름 앞뒤에 붙여졌다.

인터넷뿐만 아니었다. 전화와 문자는 물론 시위대가 집 앞까지 몰려와 구호를 외치기도 했다.

참담했다. 협상 중단까지 선언해가며 최선을 다했는데, 조금이라도 더 얻기 위해 밤을 새워가며 실랑이를 벌였는데….

억울하고 분했다. 내게 쏟아지는 비난은 그래도 주무장관의 업보려니 생각하며 참고 견딜 수 있었지만, 나 때문에 직원이나 가족이 고통받는 것이 오히려 더 견디기 힘들었다.

외출했다가 청사로 돌아오면 여비서 희정 씨와 민희 씨가 퉁퉁 부은 눈으로 나를 맞았다. 그들을 보면 마음이 아팠다. 내 앞에서는 애써 웃음을 짓지만, 웃음 뒤에 감춰진 눈물을 안 보이려고 노력하는 모습이 더욱 애처로웠다.

시도 때도 없이 전화를 걸어와 욕설부터 퍼부어대는 사람들….비서라는 이유로 내게 쏟아지는 그 모든 악담과 저주를 고스란히 감내해야 했으니 얼마나 마음이 아팠겠는가. 수화기를 내려놓고 화장실로 달려가 펑펑 울었을 것을 생각하면 미안해서 얼굴을 똑바로 볼 수가 없었다. 참고 기다리면 진실이 밝혀질 것이다, 애써 등을 두드리며 위로했지만 가슴은 찢어질 듯했다.

아내는 20년 친구를 잃고

"아무래도… 학교를 그만둬야겠어요."

아내가 조심스럽게 입을 열었다. 아내의 얼굴에는 어두운 그림자가 짙게 드리워져 있었다. 27년 동안 교직을 천직으로 알고 살아온 아내였다. 그런 아내가 학교를 그만둘 생각까지 했으니, 그동안 얼마나 고통스러웠을지를 절감할 수 있었다.

촛불의 광풍은 아내의 학교에까지 번졌다. 아내가 가르치는 학생들도 촛불을 들었고, 일부 동료 교사들도 시위에 참가했다.

내가 선생님의 '남편'임을 알지 못한 아이들은 아내 앞에서 광우병과 촛불시위에 대해 거리낌없이 이야기했다. 청문회에서 일부 의원에게 모욕을 당하는 내 모습을 그대로 재연하기도 했다.

시간이 지나면서 내가 선생님의 남편이라는 사실이 알려졌고, 그때부터 아이들은 아내를 피했다. 삼삼오오 모여 이야기를 하다가도 아내가 다가가면 입을 다물고 냉소적인 눈빛을 보였다. 노골적으로 비아냥거리는 아이들도 있었다.

그때부터 아내는 고민에 빠졌다. 이대로 교사생활을 계속할 수 있을지, 신뢰가 무너진 마당에 아이들 앞에 서는 것이 더 이상 무슨 의미가 있을지, 아이들이 수업을 거부하지는 않을지….

아내의 고통은 집에서도 계속되었다. 일부 시위대가 아파트 앞에까지 몰려와 시위를 벌였기 때문이다.

"매국노 정운천은 물러가라! 물러가라!"

시위대의 외침이 확성기를 타고 울려 퍼졌다. '광우병 오적 정운천'이라는 플래카드가 여기저기 나붙었다. 인근 주민들이 몰려오고, 기자들은 연신 카메라 플래시를 터뜨렸다. 아파트단지는 졸지에 아수라장이 되었다. 이제 아내와 두 아이는 외출조차 마음대로 할 수가 없었다.

관할 경찰서장의 권유로 아내는 다른 곳으로 피신했다. 그러나 그것도 한두 번, 결국 아내는 집에 남아 기도로 마음을 다스렸다.

촛불정국은 참고 견뎌온 아내에게 씻을 수 없는 상처를 남겼다. 20여 년간 믿고 의지해온 친구이자 동료인 한 선생님과 서로 다른 길을 가게 된 것이다.

촛불정국 이후 집과 학교만 오가며 사람들과 연락을 끊다시피했던 아내가 어느 날 모처럼 수화기를 들었다. 평소 믿고 의지하던 그 선생님에게 답답한 심정을 토로하고 싶어서였다.

그러나 전화를 받은 선생님의 음성은 예전의 다정다감한 목소리가 아니었다. 모래가 일듯 건조하고 냉랭한 목소리였다.

그는 〈PD수첩〉과 일부 언론의 광우병 보도를 절대적으로 믿고 있었다. 남편과 두 딸 등 가족 모두가 촛불집회에 나가고 있으며 광우병대책회의에 성금을 보내고 있다는 것이었다.

아내는 광우병에 대해 설명하고 설득하려 했지만 대화를 하면 할수록 분노와 원망의 골이 깊어갈 뿐이었다. 한 시간가량의 대화도 두 사람의 거리를 좁히지 못했다. 그가 마지막으로 던진 한마디가 아내의 심장에 비수를 꽂았다.

"어디 가서 그런 말 하지 마. 뺨 맞아."

촛불정국은 그렇게 아내의 20년 지기 친구마저 떠나보냈다.

나는 아내의 두 손을 꼭 잡고 마음속으로 위로했다.

'여보, 조금만 더 참아줘. 우리는 어떻게든 견뎌내야 해. 우리는 당당하게 나가야 돼. 시간이 지나면 국민들도 진실을 알게 될 거야. 내가 매국노도 아니고 오적도 아니라는 것을 국민들이 알아줄 거야. 조금만 더 힘을 냅시다.'

딸아이의 눈물

아들과 딸아이 또한 고통스럽기는 마찬가지였다. 새벽에 퇴근하는 날이 많아지면서 아이들 얼굴 한 번 보기도 쉽지 않았다. 모처럼 일찍 자정 전에 집에 돌아온 어느 날, 딸아이의 방에 불이 켜져 있었다. 조용히 방문을 열었다. 아이는 불을 켜놓은 채 책상 위에 엎드려 있었다.

고등학교 졸업반으로 대학입시를 준비 중인 아들은 그래도 걱정이 덜했다. 아들은 입시준비를 뒤로한 채 아고라에서 네티즌들과 댓글 전쟁을 벌였다. 아빠가 어떤 사람인지, 어떻게 협상에 임했는지 설명했다. 광화문에 나가 촛불집회 현장을 지켜보며 내게 상황을 전해주기도 했다.

그러나 딸아이는 이제 열여섯, 예민한 나이였다. 나는 아이가 상처를 받지 않을까 걱정이 앞섰다. 또래 아이들이 촛불을 들고 아빠를 매국노라 부르는 것을 지켜보며 얼마나 마음 아파할지, 한쪽 구석에 죄인처럼 쭈그리고 앉아 있는 것은 아닌지, 오만 가지 생각이 다 들었다.

엎드려 자고 있는 딸아이에게 다가가 가만히 얼굴을 들여다보았다. 아이의 눈가에 얼룩처럼 눈물 자국이 남아 있었다. 책상의 유리 위에는 눈물방울이 떨어져 있었다.

컴퓨터 화면에는 나의 해임을 청원하는 댓글이 떠 있었다.

"저런 사람을 농식품부장관으로 뽑았으니 나라가 이 꼴이지. 미국 쇠고기 네 가족이랑 실컷 처먹고 뒈져라."

"정운천이 자살하지 않을까? 자살하지 않으면 우리가 사형에 처합시다!"

나를 성토하는 댓글을 보면서 딸아이는 울고 있었던 모양이다. 내가 방문을 열고 들어가자 눈물을 보이지 않으려고 일부러 자는 척하고 엎드려 있는 것 같았다. 나는 엎드려 있는 아이를 향해 나지막이 속삭였다.

"얘야, 너를 아프게 해서 미안하다. 하지만 아빠는 결코 네게 부끄러운 일은 하지 않았다. 앞으로도 그럴 거야…."

살며시 아이의 옷깃을 여며주고 뒤돌아 나왔다. 등 뒤로 아이의 다정한 목소리가 들리는 것 같았다.

'아빠, 힘내세요. 저도 아빠를 믿어요.'

광화문 촛불광장에 나가겠습니다

　5월 29일 아침 렉싱턴호텔에서 당·정·청 긴급 대책회의가 열렸다. 미국산 쇠고기 수입위생조건 고시 의뢰에 대한 정부 입장을 최종적으로 확인하는 자리였다.

　4월 18일 타결된 수입위생조건은 20일간의 의견수렴 과정을 거쳐 주무장관인 내가 행정안전부장관에게 의뢰해 관보에 게재함으로써 발효되는 것이었다. 따라서 고시 의뢰는 미국산 쇠고기의 수입 재개를 위한 마지막 행정 절차였다.

　의견수렴 과정은 15일로 마무리되었지만 국민적 반발이 거센 데다 300여 건의 국민 의견을 검토하는 데 시간이 필요하여 고시 의뢰를 2주일가량 연기한 상태였다.

고시 의뢰를 중단하고 재협상하라는 국민들의 시위가 연일 계속되고 있는 가운데 정부 입장을 결정하기 위해 마련된 회의였다.

"어찌 됐든 국민들의 뜻이 재협상 아닙니까? 재협상에 준하는 내용을 준비하는 것만이 이 국면을 타개하는 길입니다. 고시 의뢰를 강행하는 것은 부글부글 끓고 있는 시청 앞의 용광로에 기름을 퍼붓는 결과가 됩니다. 고시 의뢰는 농식품부장관 소관이므로 고시를 연기하는 것 또한 제 소관입니다. 고시 의뢰를 연기하겠습니다."

당시 이명박 대통령은 한·중 정상회담을 위해 베이징을 방문 중이었다. 국가 원수가 부재 중인 상태에서 더 큰 혼란은 막아야 한다는 생각에서 나는 고시 의뢰 연기를 강력히 주장했다.

그러나 대세는 강행 쪽이었다. 대안이 없는 상태에서 연기해봐야 실익이 없고 결국 국가 간의 신뢰만 손상시킬 뿐이라는 것이었다.

당·정·청 모두가 그대로 밀고 나가자고 한목소리를 내는 상황에서 아무리 주무장관이라 해도 대세를 거스를 수는 없었다. 그날 오후 나는 무거운 마음으로 고시안 확정과 관보 게재 의뢰를 공식 발표했다.

강행은 결국 촛불에 기름을 퍼부었다. 시위를 주도한 광우병대책회의는 국민적 요구를 무시했다며 대규모 투쟁을 선언했다. 이에 동조해 시위대의 규모가 눈덩이처럼 불어났다. 서울은 물론 전국 곳곳에서 촛불이 활활 타올랐다.

촛불시위가 걷잡을 수 없이 확산되자 이명박 대통령은 귀국 즉

시 비상대책회의를 소집했다. 고시의 관보 게재를 하루 앞둔 6월 2일 오후였다.

회의에 참석하기 전부터 나는 몹시 기분이 상했다. 주무장관임에도 불구하고 내가 주장한 내용들은 제대로 관철되지 않았다. 5월 29일 회의에서 고시 의뢰를 연기해야 한다는 내 주장이 받아들여졌다면 상황은 크게 달라졌을 것이다.

대응 주체도 불분명했다. 쇠고기 협상과 관련된 제반 사항이 농식품부 소관이지만 언론보도는 당과 청와대, 외교통상부 등에서 먼저 흘러나왔다. 그러한 것들이 일반 국민의 혼란을 가중시키고 대통령께도 부담을 주고 있다고 판단되었다.

회의에서는 비상수단을 강구해야 한다는 데 의견을 모았다. 구체적으로 고시의 관보 게재를 연기하고 미국 측에 30개월 이상의 쇠고기는 수출하지 말 것을 요청하자는 내용이었다.

의견이 모이자 나는 발언권을 얻어 가슴에 담아왔던 생각을 강력히 건의했다.

"이제부터라도 제반 상황을 농식품부가 주관하겠습니다. 30개월 이상의 쇠고기는 수출하지 말도록 미국 측에 요청하고 고시의 관보 게재도 연기하겠습니다. 이 조치의 대국민 담화도 주무장관인 제가 시간과 장소를 정해서 발표하겠습니다."

그러자 한승수 국무총리가 반론을 제기했다. 쇠고기 문제는 이미 범정부적인 국가 중대사인 만큼 총리가 중심이 되어 헤쳐나가야 하고 대국민 발표도 총리가 하는 것이 맞다는 것이었다.

나는 협상의 일관성을 유지하고 부처 중복으로 인한 혼란을 피하기 위해서라도 주무부처가 중심이 되어야 한다고 강조했다. 의견이 대립되자 이명박 대통령이 나서서 농식품부가 주관하는 것이 좋겠다며 내 손을 들어주었다.

이튿날인 6월 3일 오전 10시 30분. 나는 기자회견을 통해 긴급 담화문을 발표했다.

"국민들께서 우려하고 계시는 30개월 이상 쇠고기에 대해서는 수출을 중단해주도록 미국 측에 요청하겠습니다. 미국 측으로부터 연락이 올 때까지 수입위생조건의 고시를 유보하겠습니다. 당연히 미국산 쇠고기에 대한 검역을 중단하고, 현재 국내에 검역 대기 중인 물량에 대해서도 검역을 중단하겠습니다."

국민들의 요구를 충족시킬 수 있는 특단의 조치였다. 그럼에도 불구하고 촛불시위는 조금도 수그러들지 않았다. 더 이상 정부를 믿지 못하겠다며 계속해서 재협상을 촉구하고 나섰다. 광우병대책회의에서는 6·10항쟁 기념일인 6월 10일 광화문에서 100만 명이 참가하는 대규모 촛불집회를 열겠다며 정부를 더욱 압박했다.

6월 10일 새벽 나는 자리에서 일어나 베란다로 나갔다. 며칠째 잠이 오지 않았다. 눈을 감으면 촛불을 들고 모여든 국민들의 모습이 보였고, 재협상을 외치는 목소리가 들렸다. 아파트 앞에까지 몰려와 "매국노 정운천은 물러가라!" 외치는 소리도 들렸다. 몸은 천근만근 무거웠지만 도저히 잠을 이룰 수 없었다.

창문을 열자 시원한 새벽 공기가 쏟아져 들어왔다. 멀리 시내 쪽을 바라보았다. 지금 이 시각에도 촛불을 들고 거리를 오가는 국민들이 보이는 것 같았다.

그들은 왜 집으로 돌아가지 않는가? 대통령까지 나서서 사과하고 국민 건강을 지키겠다고 약속했는데도, 긴급 담화를 통해 고시를 유보하겠다고 발표했는데도 왜 촛불을 놓지 못하는 것일까?

결국 불신 때문이었다. 국민의 입장을 배려하지 않고 정부의 입장만 중시한 소통의 부재, 그것이 불신을 낳았다. 그래서 정부가 무슨 말을 해도 믿지 않는 것이다. 그런 불신의 틈을 비집고 이념까지 가세했다. 상황은 점점 극한으로 치닫고 있었다.

더구나 오늘 저녁에는 최대 규모의 촛불시위가 예정되어 있다. 잘못하면 국정 마비 상태가 초래될 수 있다. 그렇다고 무력을 동원할 수는 없다. 그것은 성난 민심에 기름을 끼얹는 격이다.

나는 고민에 고민을 거듭했다. 방법은 소통뿐이다. 시위대와의 소통을 통해 신뢰를 회복하는 것만이 사태를 해결하는 유일한 길이다. 소통을 위해서는 만나야 한다. 시위대를 찾아가 정부 입장을 설명하고, 잘못에 대해서는 솔직하게 사과해야 한다. 그렇게 진정성을 보여야 소통의 길을 열 수 있다.

뿌옇게 동이 트고 있었다. 나는 마음을 정했다.

광화문, 나는 가야만 했다

6월 10일 아침, 총리 주재 국무회의가 끝나고 관계장관회의가 열렸다. 나는 단호한 목소리로 내 결심을 밝혔다.

"오늘 저녁 광화문 촛불광장에 제가 나가겠습니다."

순간, 모두의 시선이 나를 향했다.

"정부가 무슨 말을 해도 국민들은 듣지 않습니다. 이제 말로는 소통이 안 됩니다. 이성으로도 통하지 않습니다. 행동으로 소통해야 합니다. 국민 감정에 마음으로 호소해야 합니다. 오늘 저녁 촛불광장에 나가겠습니다. 나가서 국민들과 만나겠습니다."

내가 말을 마치자 회의장 안이 갑자기 소란스러워졌다.

"정 장관은 농식품부장관이기에 앞서 국무위원입니다. 시위가 격렬해질 대로 격렬해져 있는데, 그러다 봉변이라도 당하면 국가 체면이 뭐가 되겠습니까? 안 됩니다!"

"충돌을 빚어 다치기라도 하면 사태를 더 악화시킬 뿐입니다."

하나같이 반대하고 만류하는 목소리였다. 그러나 대안을 제시하는 사람은 아무도 없었다. 이래서는 아무것도 할 수 없다는 생각에 나는 그대로 문을 박차고 나왔다.

청사로 돌아온 나는 집회를 주관하는 광우병대책회의 측에 내 뜻을 알렸다. '누구나 의견을 개진할 수 있다는 자유발언대에 올라 국민과 소통하겠다, 국민들이 소통을 원하니 주무장관인 내가 직접 나가 얘기하겠다'고 통보했다. 오후 늦게 답변이 왔다. 안 된다는 이야기였다. 불상사가 일어날 수 있으니 오지 말라는 것이었다.

그러는 사이 집무실에 놓인 TV에서는 광화문 현장 소식을 전하고 있었다. 이미 10만이 넘는 군중이 운집해 있었다.

나는 마음이 급해졌다. 저렇게 많은 국민들이 모여들고 있는데, 주무장관인 내가 집무실에 앉아 있을 수는 없었다. 나가야 했다. 설사 어떤 봉변을 당하더라도 가야만 했다.

"가겠습니다!"

결심을 굳히고 자리에서 일어섰다.

"장관님은 개인이 아니라 국무위원입니다. 거기가 어디라고 가시겠다는 겁니까?"

"불상사를 우려해 주최 측에서도 오면 안 된다고 거절하지 않았습니까? 무턱대고 가면 무슨 일이 벌어질지 모릅니다."

차관을 비롯한 직원들이 앞을 가로막고 말렸다. 경찰청장도 전화를 걸어왔다. 경호가 불가능한 상황이니 절대로 가서는 안 된다는 것이었다.

그러나 내게는 그 길밖에 없었다. 정부의 진정성을 알리고 국민과 소통하기 위해서는 가야만 했다. 소통해야 했다. 그것이 사즉생의 길이었다.

정운천이 여기 왜 왔어!

저녁 7시 자유발언 시간에 맞춰 거리로 나섰다. 거리는 이미 촛불의 바다였다. 촛불을 들고 모여든 군중들로 발 디딜 틈이 없었다. 발언대는 200미터 전방의 광화문 거리에 마련되어 있었다.

나는 밀려드는 인파를 헤치고 한 걸음 한 걸음 앞으로 나아갔다.

"정운천? 정운천 농식품부장관 맞지?"

"맞아, 정운천이다!"

얼마나 걸음을 옮겼을까. 나를 알아본 군중들이 서로 소곤대는가 싶더니 이내 큰 소리로 외쳤다. 그러자 일대 소란이 일어났다. 여기저기서 군중들이 내 주위로 몰려들었다. 그렇지 않아도 혼잡한 거리가 인의 장벽으로 막혔다.

"정운천이 여기 왜 왔어! 매국노가 여기 왜 왔냐고!"

누군가가 그렇게 소리쳤다. 그러자 여기저기서 "매국노! 매국노!" 하며 따라 외쳤다. 물병까지 날아들었다.

나는 사력을 다해 앞으로 나아갔다. 발언대가 가까이 보였다. 그러나 나를 겹겹이 둘러싼 인파 때문에 더 이상 걸음을 옮길 수가 없었다.

"오시면 안 된다고 했는데 왜 오셨습니까? 돌아가십시오!"

소식을 들었는지 주최 측 관계자까지 몰려와 앞을 막아섰다.

"국민 여러분과 소통하기 위해 왔습니다! 자유발언대에 올라 발언하러 왔습니다!"

그렇게 소리치며 앞으로 밀고 나아갔다. 그러나 방어벽에 막혀 제자리걸음만 반복할 뿐이었다.

"안 됩니다! 돌아가십시오!"

그들은 막아서는 데 그치지 않고 나를 밀어내기 시작했다. 나는 밀려나지 않으려고 버텼다. 한동안 실랑이가 계속되었다.

"자유발언대는 국민이면 누구나 발언할 수 있는 자리가 아닙니까!"

나는 사력을 다해 외쳤다. 그리고 완강히 버텼다. 그러나 내 목소리는 '매국노'를 연호하는 군중들의 야유에 힘없이 묻혀버렸다. 나는 힘으로 밀어붙이는 군중들에 의해 뒤로 밀려났다. 하지만 나는 해명이나 하자고 간 것이 아니었다. 밀려나면서도 있는 힘을 다해 외쳤다.

"제게도 아들딸이 있습니다! 국민의 건강과 안전을 지키기 위해 저의 모든 것을 다 내어놓았습니다! 6·10 항쟁의 거룩한 역사 앞에 부끄럽지 않도록 목숨을 바쳐서라도 반드시 지키겠습니다!"

두 마리 토끼를 잡다

"미국 쇠고기가 들어오면 광우병 때문에 수돗물도 못 먹고 라면
도 못 먹는대요. 생리대도 쓸 수가 없대요. 장관님, 이제 저는 어떻
게 해야 하나요?"

촛불시위가 확산되던 5월 초로 기억한다. 한 여학생이 장관실로
전화를 해서 이렇게 이야기하더라고 비서관이 내게 전했다. 중학교
2학년에 재학 중이라는 여학생은 끝내 울음을 터뜨렸다고 한다. 수
많은 항의전화가 걸려왔지만 어린 여학생의 전화라 비서관이 특별
히 내게 보고한 것이다.

어디 그 여학생뿐이겠는가. 수많은 사람들이 촛불을 들고 거리로
나온 것 또한 마찬가지다. 〈PD수첩〉의 광우병 보도를 보고 미국산

쇠고기에 대해 불안과 공포를 느꼈기 때문이다.

그들이 원하는 것 또한 한 가지였다. 협상을 다시 해서 불안한 미국산 쇠고기가 수입되지 않게 해달라는 것이었다.

나는 국민의 먹거리를 책임지고 있는 농식품부의 장관이었다. 이유야 어찌 됐든 국민들이 원하는 것을 들어주고 싶었다. 할 수만 있다면 재협상을 해서라도 국민들의 불안감을 씻어주고 싶었다.

그러나 나는 국무위원이기도 했다. 국익을 도모하고 국제사회에서 신뢰받는 국가를 만드는 일 또한 소홀히 할 수 없는 의무였다. 국민들이 느끼는 불안과 공포를 해소해야 하지만 국가 간의 신뢰 또한 지키고 유지해야 했다.

촛불의 광풍 속에서도 두 가지를 모두 충족시킬 수 있는 제3의 방안을 찾는 것, 그것은 주무장관인 내게 주어진 가장 중요한 과제이자 사명이었다.

"미국에서 광우병이 추가로 발생하면 통상마찰을 각오하고라도 쇠고기 수입중단 조치를 취하겠습니다."

5월 7일 국회에서 열린 쇠고기 청문회에서 나는 의원들의 질의에 답변하는 형식을 빌려 그렇게 천명했다. 국민들의 불안을 해소하기 위해 필요하면 강경조치를 취하겠다고 밝힌 것이다. 그러나 협상 내용을 파기하겠다는 것은 아니었다. 양국 간의 협상보다 더 우위에 있는 국제협정, 즉 '관세와 무역에 관한 일반협정(GATT)' 제20

조의 일반적 예외규정을 적용하겠다는 이야기였다. 국가 간의 교역에서 인간이나 동물·식물의 생명과 건강을 보호하기 위해서라면 필요한 조치를 할 수 있다는 GATT 규정을 근거로 한 것이었다. 협정 내용을 준수하면서 국민들의 불안감을 해소할 방법을 여러모로 모색한 끝에 찾아낸 방안이었다. 6월 초 한층 격화된 촛불집회를 계기로 정부에서 진행한 추가협상 또한 마찬가지였다.

그러나 국민들이 요구한 재협상은 기존의 협상을 파기하고 다시 협상하는 것이었다. 그것은 어렵게 형성된 양국 간의 신뢰를 깨뜨리는 행위요, 국제관례에도 어긋나는 일이었다. 따라서 정부는 기존의 협상을 준수하는 틀 안에서 국민들이 요구하는 내용을 반영하기 위해 미국 측에 추가협상을 제의했다.

다행히 미국 측에서도 우리의 상황을 양해함으로써 추가협상을 진행할 수 있었다. 국민들도 추가협상을 계기로 불안을 해소하고 일상을 되찾게 되었다. 국민 불안을 해소하면서 국가 간의 신뢰도 지킨, 두 마리 토끼를 다 잡은 최선의 선택이었다.

한·미 통화스와프와 G20

촛불정국이 마무리되고 50여 일이 지난 9월 중순 세계 금융위기가 시작되었다. 미국의 투자은행 리먼브러더스의 파산에서 시작된 세계 경제의 동반 침체로 우리나라도 제2의 IMF사태가 우려되는 상황에 맞닥뜨렸다. 환율은 치솟고 주가는 곤두박질쳤다.

그러던 10월 말, 우리 정부는 미국과 300억 달러 규모의 통화스와프협정을 체결했다. 외환이 필요할 때 언제든지 미국에 원화를 맡기고 달러를 가져올 수 있게 된 것이다.

이 협정은 외환 불안을 근거로 위기설까지 나돌던 우리 경제에 특효약이 되었다. 실제로 협정 체결 소식이 알려진 30일 코스피지수는 사상 최대폭인 115포인트 상승했고, 하루가 다르게 치솟던 환율은 177원이 떨어져 10년 만에 최대 낙폭을 기록했다. 불안하던 금융시장이 안정을 되찾는 결정적인 계기가 되었다.

2010년 11월 서울에서는 G20 정상회의가 개최되었다. 우리나라는 의장국으로서 회의를 성공적으로 개최하고 원만한 합의를 이끌어내 국제사회의 새로운 리더로 부상했다. 국가 이미지와 브랜드 가치의 향상 등에서도 엄청난 경제적 효과를 창출했다.

우리나라가 아시아 최초로 G20 정상회의를 유치한 것은 2009년 9월 미국 피츠버그회의에서다. '총성 없는 전쟁'이라는 유치전에서 우리가 승리한 데에는 미국의 역할이 컸다. 일본과 프랑스의 견제와 반대에도 불구하고 미국이 전폭적으로 지원한 결과였다.

물론 통화스와프협정 체결이나 G20 정상회의 유치를 쇠고기 협상과 직접 연결시킬 수는 없다. 그러나 참여정부에서 시작해 1년 넘게 끌어온 협상이었다. 엑스레이 검출기까지 동원한 뼛조각 검역으로 불신의 골이 깊어질 대로 깊어진 상황이었다.

더구나 미국은 쇠고기를 주식으로 하는 국가다. 미국을 상징하는 것이 카우보이 아닌가. 3억의 미국인이 매일같이 안전하게 먹고 있는 것이 쇠고기였다.

그런 미국 쇠고기가 위험하다고 협상을 타결짓지 못했으면 어떻게 되었을까? 뼛조각 문제로 계속 대립하고 갈등을 키웠다면 어떻게 되었을까? 그랬어도 통화스와프협정을 체결할 수 있었을까? G20 정상회의를 유치할 수 있었을까?

법이 먼저입니까, 국민이 먼저입니까

추가협상을 통해 광우병사태가 진정 국면에 접어들자 나는 원산지표시제 정착에 전력을 기울였다. 수입이 재개되는 미국산 쇠고기와의 경쟁을 극복하고 한우산업이 발전하기 위해서는 원산지표시제 정착이 무엇보다 시급하기 때문이었다.

실제로 원산지표시제를 확고히 정착시켜 둔갑판매를 뿌리 뽑으면 한우시장을 30% 이상 확대하는 효과가 있고, 그럴 경우 미국산 쇠고기가 들어와도 해볼 만하다는 것이 전문가들의 공통된 의견이었다. 나 역시 그것을 확신하고 있었다.

그러한 판단에서 나는 쇠고기 협상을 앞두고 후속대책을 마련할 때부터 원산지표시제 전면시행을 강력히 추진했다. 64만 개소에 달하는 전국의 모든 음식점에서 시행해 이번 기회에 둔갑판매를 완전히 뿌리 뽑자고 강조했다.

그러자 근거법령인 식품위생법을 관장하는 보건복지부에서 반대하고 나섰다. 예산 확보와 지도 단속 등 현실적인 어려움이 많은 만큼 100제곱미터 이상의 대형 음식점에 한해 시행하자는 것이었다.

나는 받아들일 수 없었다. 전체의 10%도 되지 않는 대형 음식점에 국한할 경우 제도의 실효성을 기대할 수 없었다. 임기응변에 불과할 뿐이었다. 두 달 가까이 실랑이를 벌이며 전면시행을 설득했지만 보건복지부도 뜻을 굽히지 않았다.

더 이상 시간을 끌 수 없다고 판단한 나는 특단의 방안을 강구했다. 보건복지부에서 식품위생법으로 할 수 없다면 농식품부에서 관장하는 농산물품질관리법에 반영해 시행하겠다고 나섰다.

그러자 이번에는 법제처에서 문제를 제기하고 나섰다. 그럴 경우 모법인 식품위생법과 충돌이 일어나 안 된다는 것이었다. 나는 곧바로 법제처를 찾아갔다.

"지금과 같은 국가적 위기상황에서 중요한 것이 무엇입니까? 원산지표시를 전면적으로 시행해 축산농가와 국민 건강을 보호하는 것이 중요하지, 이 법 저 법 따지는 것이 중요합니까? 농산물품질관리법에 반영해 우선 시행하고 법규상의 상충 문제는 나중에 보완하면 되지 않겠습니까?"

법제처장을 만나 강력히 설득한 끝에 양해를 받아내 농산물품질관리법에 반영할 수 있었다. 그후 국회 상임위 논의 과정에서 돼지고기 닭고기와 쌀, 배추김치 등으로 품목을 확대해 실질적인 효과를 더욱 높이도록 했다. 그런 다음 특별사법경찰 확충, 시민감시단 운영, 신고포상금제 실시 등을 통해 정착시켜나갔다.

그로부터 1년 반이 지난 2009년 말 한국농촌경제연구원에서는 원산지표시제 전면시행 효과를 조사 분석해 발표했다. 한우의 매출 이익이 1조 6,000억 원, 연관 산업인 양돈과 양계까지 감안한 축산업 전체의 매출이익은 2조 7,000억 원에 달했다. 전면시행 당시 예상했던 대로 둔갑판매를 근절시켜 한우시장을 30% 이상 확대한 결과였다.

원산지표시제 전면시행은 신뢰받는 식문화 정착에도 기여했다. 둔갑판매는 오랜 고질병과도 같은 폐습이었다. 전라도나 충청도 지역의 쌀을 이천쌀로 둔갑시켜 판매하고, 벨기에나 칠레산 삼겹살을 국내산으로 속여 파는 것이 어제 오늘의 일이 아니었다. 수십 년 동안 이어진 고질병으로, 유통질서를 어지럽히는 암적인 존재였다.

이러한 둔갑판매를 뿌리 뽑아 한우산업의 경쟁력을 강화하고 생산자, 소비자, 음식점 모두가 신뢰받는 식거래 문화를 정착시킨 것은 위기를 기회로 활용해 원산지표시제를 전면적으로 시행한 결과였다.

대화와 소통의 상징, 달걀

　6월 27일 나는 농산물품질관리원 대전지원으로 향했다. 원산지표시제 정착을 위해 소집한 일선기관 간담회에 참석하기 위해서였다. 현장에서 직접 지도하고 단속하는 일선기관의 역할에 원산지표시제의 성패가 달려 있는 만큼, 제도의 중요성을 설명하고 참여와 협조를 독려하기 위해 소집한 것이었다.

　"장관님, 대전지원에서 연락이 왔는데요…"

　차가 대전 인터체인지에 다다랐을 때였다. 수행비서가 누군가와 한참 통화를 하더니 나를 돌아보며 말끝을 흐렸다. 얼굴이 굳어 있었다.

　"무슨 일입니까?"

내가 묻자 수행비서는 내 눈치를 살펴가며 대전지원 관계자의 말을 전했다.

"수백 명의 시위대가 정문을 막고 있답니다. 시위대를 피해 후문으로 들어오시는 게 좋겠답니다."

"내가 무슨 도둑고양이입니까? 후문으로 몰래 들어가게요?"

나는 조금의 망설임도 없이 정문으로 향했다. 시위대가 야유를 보내며 앞을 막아섰다. 실랑이가 벌어졌다. 들어가려는 나와 수행원, 막아서는 시위대가 몸과 몸으로 부딪혔다. 누군가가 내 옷을 잡아당겼다. 양복이 찢겨져나갔다. 누군가의 팔꿈치가 내 얼굴을 밀쳤다. 안경이 땅에 떨어져 렌즈가 깨졌다. 그렇게 밀고 밀리는 실랑이가 한 시간 가까이 계속되었다.

결국 정문을 통과해 안으로 들어갔지만 내 몰골은 말이 아니었다. 양복은 찢겨져 너덜너덜하고 머리는 아무렇게나 헝클어져 있었다. 안경이 깨져서 앞이 잘 보이지도 않았다.

"매국노 정운천은 물러가라!"

밖에서 들려오는 확성기 소리가 가슴을 짓눌렀지만, 나는 흔들리지 않고 회의를 차분하게 진행했다. 원산지표시제의 중요성을 강조하고 관계기관이 유기적으로 협조해 조기에 정착시켜줄 것을 간곡히 요청했다.

시위대가 준 달걀

"시위대가 아직까지 정문 앞에 버티고 있습니다. 이제 뒷문으로 조용히 나가시는 게 좋겠습니다."

회의가 끝나자 관할 경찰서장이 다가와 보고했다.

"서장님, 정문으로 나갈 수 있도록 해주십시오."

"그러려면 시위대를 전부 연행해야 합니다."

경찰서장의 답변이 시무룩했다. 안전이 중요한데 왜 그렇게 고집을 부리느냐고 못마땅해하는 표정이었다.

나는 공무를 위해 내려온 국무위원이었다. 시위대에 밀려 뒷문으로 빠져나간다는 것은 떳떳하지 못한 행위였다. 그렇다고 경찰력을 동원해 시위대를 연행하는 것도 내가 바라는 바가 아니었다.

어떻게 해야 하나… 한참을 고민한 끝에 경찰서장을 불렀다.

"시위대 대표에게 전하십시오. '정운천 장관은 6월 10일 광화문에 나가 대화를 원했다. 여기서도 대화를 원한다. 그러니 대화를 하자. 그렇지 않으면 모두 연행하겠다.' 그렇게 제안하십시오."

얼마 후 시위대 쪽에서 확성기에 대고 외치는 소리가 들렸다.

"정운천 장관이 대화하자고 합니다! 매국노 정운천이 대화를 하자고 합니다! 대화합시다!"

나는 찢어진 양복을 손에 들고 와이셔츠만 입은 채 정문으로 나갔다. 그러자 시위대 대표가 다가와 주위를 에워싸고 있는 경찰병력을 철수시켜야 대화에 응하겠다고 요구했다.

"나는 경찰청장이 아니니 철수시킬 권한이 없습니다. 그리고 경찰은 국무위원인 나를 보호하고 치안을 유지할 권리와 의무가 있습니다. 그러니 여러분과 대화하는 데 지장이 없도록 30미터 뒤로 물러나도록 요청하겠습니다."

경찰병력이 정문에서 한 걸음 물러선 다음 대화가 진행되었다.

나는 협상에 임한 정부의 입장과 진행 과정을 사실 그대로 설명했다. 국민들께 상세히 알리고 이해를 구하지 못한 점에 대해서는 사과했다. 국민 건강과 식탁 안전을 최우선으로 했다는 점도 사례를 들어 설명했다. 원산지표시제를 확고히 정착시켜 둔갑판매를 근절하고 소비자의 권리를 지키겠다는 의지도 피력했다. 내가 보일 수 있는 진정성을 다 내보였다.

대화가 끝나갈 즈음 한 아이가 손에 무엇인가를 들고 와 내게 내밀었다. 달걀이었다. 시위대에 참가한 한 아주머니가 나한테 던지려고 가져온 달걀이었다. 아마 내 이야기를 듣고 보니 그럴 필요가 없다고 생각되어 아이를 통해 건네준 것이었으리라.

지금 우리 집 거실 책장 한가운데에는 달걀 하나가 놓여 있다. 그때 그 아이가 건네준 달걀이다. 갈등과 대립을 소통과 화해로 바꾼 그날의 대화, 그것을 상징하는 달걀을 오래도록 간직하고 싶었다. 그래서 달걀 위아래에 구멍을 내 내용물을 빼낸 다음 박제해서 책장 안에 보관하고 있다. 받침대에는 '달걀 세례에서 대화와 소통으로'라는 글귀를 적어 그날의 의미를 되새기고 있다.

도전 6

250 대 0의 황무지에서

분명히 누군가는 '가야만 하는 길'이다. 30년에 걸친 두터운 지역장벽을 허물고 여야가 함께하는 소통의 길을 내야 한다. 그래야 전북이 발전하고 국가가 발전할 수 있다.

누군가는 가야만 하는 길이라면 내가 가자. 언제나 '가고 싶은 길'보다는 '가야만 하는 길'을 걸어온 내 인생이 아닌가. 다시 한 번 사즉생의 정신으로 나서자.

다시 벽 앞에 서다

2010년 2월 나는 이명박 대통령의 부름을 받고 청와대를 찾았다. 광우병 파동의 책임을 지고 장관의 자리에서 물러난 지 1년 반만의 방문이었다.

"전북에서 내가 얻은 득표율이 9.7%네."

차 한잔 마시며 잠시 안부를 물은 대통령은 본론으로 들어갔다. 선거 이야기였다. 나는 조용히 듣고만 있었다.

6월 2일로 예정된 지방선거를 앞두고 여권에서는 내게 전북지사 출마를 권유하고 있었다. 한 달여 전부터 언론에 이름이 오르내리더니, 결국 한나라당에서 공식적인 제의를 해왔다. 당에서는 전북 출신으로 지명도나 경력 등 여러 면에서 나만한 적임자를 찾기 힘들다면서, 승낙하면 경선 없이 전략공천하겠다는 뜻을 밝혔다.

나는 정중하게 고사했다. 나는 농업 외길을 걸어왔다. 정치에는 문외한이었다. 2년 전 이명박 정부 들어 초대 농식품부장관을 역임했지만, 그것도 역시 농업의 연장선상에서였다. 광우병 파동의 책임을 지고 물러난 뒤에도 전국을 순회하며 농정 경험과 노하우를 전파하는 일에 매진하고 있었다. 그런 내게 선거 출마는 완전히 새로운 모험이었다. 나는 그런 모험을 하고 싶지 않았다.

더구나 전북은 한나라당에 불모지나 다름없다. 지난 네 번의 지방선거에서 한나라당 후보가 받아든 성적표는 처참했다. 당선은 고사하고 득표율이 10%에도 미치지 못했다. 후보조차 내지 못한 적도 있었다. 여권 후보에게는 10%의 득표율조차 마의 벽으로 느껴졌다. 나라고 다를 게 있겠는가. 어설프게 나섰다가는 망신만 당하기 십상이었다.

내가 고사하자 다급해진 것은 한나라당이었다. 마땅한 대안이 없는지 인재영입위원장이 연일 전화를 걸어와 출마를 권유했다. 청와대 관계자들도 대통령의 뜻이라며 측면 지원에 나섰다. 그래도 내가 뜻을 굽히지 않자 대통령이 만나고 싶다는 전갈을 보내온 것이었다.

내 생각에는 변함이 없었다. 대통령께도 분명한 내 뜻을 밝히리라, 기회만 엿보고 있었다.

"그래도 나는 새만금에 세 번이나 갔네. 김대중, 노무현 대통령도 찾지 않은 새만금에 세 번이나 갔어. 그런데 정 장관은 전북이 고향이라면서 그냥 버려두겠다는 것인가?"

순간 나는 정신이 멍멍했다. 망치로 한 대 얻어맞은 기분이었다. 준비해간 말을 꺼낼 수가 없었다. 생각해보겠다고 얼버무리고 자리를 떴다.

집으로 돌아온 뒤에도 충격은 가시지 않았다. '전북이 고향이라면서 그냥 버려두겠다는 것인가?' 대통령의 말이 귓전에 남아 떠나질 않았다.

가고 싶은 길, 가야만 하는 길

세상에는 두 가지 길이 있다. '가고 싶은 길'과 '가야만 하는 길'이 있다.

30년에 걸친 두터운 지역장벽을 허물고 여야가 함께하는 소통의 길을 내는 것은 누군가가 가야만 하는 길이다.

누군가는 가야만 하는 길이라면 내가 가자. 언제나 '가고 싶은 길'보다는 '가야만 하는 길'을 걸어온 내 인생이 아닌가. 다시 한 번 사즉생의 정신으로 나서자.

어스름이 밝아오는 새벽, 나는 그렇게 출마를 결심했다.

여보, 미안하오

출마를 결심하자 선거가 현실로 다가왔다. 한 번도 경험해보지 못한 선거였으니, 무엇을 어떻게 해야 할지 막막하기만 했다.

그중에서도 가장 큰 고민이 진정성이었다. 지역장벽을 넘어 소통의 길을 내겠다는 내 뜻과 신념을 도민들에게 어떻게 전해야 할지 난감하기만 했다.

전북은 한나라당에 불모지나 마찬가지다. 당선은 고사하고 득표율이 한 자릿수를 넘긴 적이 없었다. 그 때문에 전북에서 출마하는 여당 후보는 종종 '철새'라고 불렸다. 선거철이 되면 내려와 적당히 선거나 치르고, 끝나면 그 공으로 한자리 얻어 돌아가는 정치인을 비유한 말이다. 자칫하면 나 또한 그런 '철새 정치인'으로 인식될 수 있었다.

어떻게 해야 하나? 어떻게 해야 소통을 위해 출마한 내 마음을 전하고 도민들과 진정으로 소통할 수 있을까?

말로는 안 된다는 생각이 들었다. 정치인들의 말에 신물이 난 국민들이다. 말이 아니라 직접 행동으로 보여줘야 한다. 내가 정말 사즉생의 정신으로 나선 것임을, 황무지 전라북도에 소통의 길을 내기 위해 출마한 것임을 행동으로 보여줘야 한다. 광우병 파동 당시 위험을 무릅쓰고 촛불 현장을 찾아간 것처럼 나 자신을 희생하는 모습을 보여주어야 한다. 그래야 진정성을 전할 수 있다.

그러나 아무리 생각해도 방법이 떠오르지 않았다.

"여보!"

오랜만에 갖는 둘만의 저녁식사 자리였다. 아내를 부르는 내 목소리가 조금 떨렸다. 그 작은 변화를 눈치 챈 것일까? 아내는 정색을 하고 나를 응시했다. 나는 다시 한 번 출마의 뜻을 밝히고 이렇게 덧붙였다.

"30년 지역장벽을 깨기 위해서는 전북 도민들의 마음을 열어야 하는데, 내가 아무리 얘기를 해도 도민들은 믿지 않을 것이오. 선거를 위해 왔다가 끝나면 돌아가는 철새 정치인이라 생각할 것이오. 그것이 지금까지의 정치였으니까. 그러나 그래서는 아무것도 할 수가 없소. 도민들의 마음을 열 수 없소. 그게 아니라는 것을, 진정으로 전북 발전과 도민들을 위해 나섰다는 것을 행동으로 보여줘야 하오. 그래야 도민들의 마음을 움직일 수 있을 것이오.”

아내는 잠자코 듣기만 했다.

“그런데 아무리 생각해도 내가 보여줄 것은 아무것도 없소. 그래서 당신에게 부탁하는 것인데… 여보, 당신이 심청이가 되어주시오.”

더듬거리며 어렵게 말을 꺼냈지만, 아내는 무슨 뜻인지 몰라 어안이 벙벙한 표정으로 쳐다보기만 했다. 내친김이었다. 나는 감정을 억누르고 분명하게 내 뜻을 전했다.

“당신이 27년 동안 천직으로 지켜온 교직, 그만두고 나와 함께 내려갑시다. 그렇게 하면 도민들도 우리의 진정성을 알아줄 것이오. 선거 때문에 왔다가 가는 철새가 아니라, 전북을 위해 가장 소중한 것까지 내던지고 왔다는 것을 믿어줄 것이오.”

그제야 내 뜻을 알아차린 아내는 멍한 얼굴로 한참이나 내 얼굴을 쳐다보았다. ‘어떻게, 어떻게 그런 부탁을 할 수 있어요?’ 아내의 표정이 그렇게 말하고 있었다. 나는 슬그머니 고개를 돌렸다. 아내의 얼굴을 마주할 자신이 없었다.

내가 농업의 외길을 걸었다면, 아내는 교직의 외길을 걸었다. 나와 결혼하기 전부터 교직에 몸담아 27년 동안 교직을 천직으로 알고 살아왔다. 2008년 광우병 파동 당시 나로 인해 온갖 모욕과 질시를 받으면서도 끝내 지켜낸 교직이었다.

그런데 선거를 위해, 그것도 떨어질 게 뻔한 선거를 위해 그렇게 지켜온 교직을 버리라니? 아내의 입장에서는 참으로 기가 막힐 노릇이었다.

아내가 쉽게 포기할 수 없다는 것을 내가 왜 몰랐겠는가. 포기하기 힘든 것을 버릴 때 도민들도 우리의 진정성을 믿고 받아줄 것이라는 생각에, 어렵게 부탁했던 것이다.

평생 천직까지 포기하라니

아내는 쉽게 결정하지 못했다. 며칠 동안 고민을 거듭했다. 소식을 전해들은 친지와 지인들이 나를 찾아와 말렸다.

가능성도 없는 선거에 나가면서 왜 아내까지 끌고 들어가느냐. 기껏해야 50여 일 남짓한 선거운동을 위해 평생의 천직까지 포기하라는 것이 말이 되느냐. 필요하면 주말마다 내려가 도와주거나, 한두 달 휴직하고 내려가면 되지 않느냐….

모두들 현실적인 이유를 내세워 나를 나무라고 설득하기만 할 뿐, 내 속내는 이해하지 못했다.

내 마음을 알아준 사람은 아내였다. 내가 왜 그렇게 어려운 부탁을 하는지, 내가 원하는 것이 무엇인지, 아내는 이해했다.

"같이 가겠어요. 당신이 힘들고 외로울 때 옆에서 손이라도 잡아줄게요."

아내가 그렇게 말했을 때, 눈물이 핑 돌았다. 평생 고생만 시킨 아내였다. 그것도 모자라 이제 천직마저 버리게 한 나였다. 그런 나를 이해하고 동행해주겠다는 아내가 더없이 고마웠다.

나는 아내가 사표를 내고 함께 내려간다는 것을 청와대와 한나라당에 알렸다. 아내까지 천직마저 버리고 사즉생의 각오로 나선다는 결연한 의지를 밝히기 위해서였다.

그것은 또한 내가 출마의 조건으로 요구한 공약카드, 곧 LH공사의 전북 일괄 이전을 확실히 뒷받침해달라는 압박이기도 했다.

쌍발통시대를 열어야 합니다

2010년 4월 15일 오전 10시 전북도의회 로비. 나는 두 개의 바퀴가 균형을 이룬 수레를 끌고 기자회견장으로 향했다. 수레 위에는 모형으로 만든 선물박스가 가득 실려 있었다. 박스에는 '전라북도+중앙정부, 여당+야당, 농촌+도시' 등의 글귀가 쓰여 있었다. 아내가 뒤에서 수레를 붙잡고 따라왔.

회견장 앞에서 기다리던 사진기자들이 내 모습을 발견하고 우르르 몰려들었다. 예상치 못한 낯선 광경을 카메라에 담기 위해 연신 셔터를 눌러댔다. 난무하는 불빛에 눈이 어지러웠다.

회견장으로 들어선 나는 수레를 놓고 연단으로 올라섰다. 반대쪽에는 미리 준비해둔 또 하나의 수레가 있었다. 한쪽 바퀴가 너무

작아 심하게 기울어진 수레였다. 나는 그 수레를 가리키며 입을 열었다.

"여기 이 수레처럼 발통이 하나밖에 없으면 제대로 굴러갈 수 없습니다. 아무리 끌고 밀어도 제자리에서 맴돌기만 할 뿐, 앞으로 나아가질 못합니다. 지금까지 우리 전라북도가 그렇게 굴러왔습니다. 민주주의의 꽃은 피웠지만, 경제성장에서 소외되었습니다. 250개 선출직 가운데 집권여당인 한나라당 의석은 단 한 석이 없습니다. 그 결과 경제는 꼴찌가 되었으며, 도민들의 절반이 떠나고 싶어 할 정도로 삶의 질 또한 낙후되었습니다."

기자들의 시선이 집중되었다. 이상한 수레를 끌고 오더니 무슨 말을 하려는 걸까? 신경을 곤두세우고 뚫어져라 나를 쳐다보았다. 나는 시선을 돌려 방금 끌고 온 수레를 가리켰다.

"제가 지금 복도에서부터 이 수레를 끌고 왔습니다. 하나도 힘들지 않았습니다. 두 개의 발통, 쌍발통이 균형을 이루고 있어 잡고만 있어도 잘 굴러갔습니다."

다시 고개를 돌려 기자들을 정면으로 응시했다.

"그렇습니다. 이제는 외발통이 아닌 쌍발통이 되어야 합니다. 전라북도와 중앙정부, 여당과 야당, 도시와 농촌이 함께 가는 쌍발통 시대를 만들어야 합니다. 그래야 전북의 내일이 있고 대한민국의 미래가 있습니다. 저는 외발통을 넘어 쌍발통의 전라북도를 만들고자 전북지사 선거에 한나라당 후보로 출마했습니다."

나는 결의에 찬 목소리로 출마의 변을 밝혔다. 뒤쪽에 운집한 지지자들이 박수를 치고 환호하며 '쌍발통!'을 연호했다. 기자들은 바쁘게 자판을 두드렸고, 카메라 기자들은 연신 셔터를 눌러댔다. 나는 그렇게 출마선언을 하고 정치의 길로 들어섰다.

출마선언을 준비하면서 내가 가장 고심한 것 중의 하나가 선거 콘셉트였다. 어떻게 도민들을 설득할 것인가? 지역장벽을 넘어 소통의 길을 내고자 하는 내 뜻을 무엇으로 표현할 것인가?

전략팀과 수차례 회의를 거듭하며 콘셉트를 찾았다. 만나는 지인들마다 조언을 구하기도 하고 밤늦게까지 혼자 상념에 잠기기도 했다. 고민에 고민을 하고 있는데, 어느 순간 재수 시절의 기억 하나가 떠올랐다. 그때 시골에서 리어카에 짐을 싣고 가다가 바퀴 하나가 빠져나가 죽도록 고생한 적이 있었다.

그 기억 속에서 찾아낸 것이 '쌍발통'이었다. 쌍발통은 두 개의 바퀴를 뜻하는 전라도 방언으로, 내가 출마하는 목적을 상징적으로 나타내고 있었다.

소외된 전북에 중앙정부의 힘을 끌어와 함께 나아가고, 야당뿐인 전북에 집권 여당의 싹을 틔우고, 낙후된 농식품을 발전시켜 농촌과 도시가 함께 성장하도록 하는 것. '쌍발통'이라는 말 속에는 그 모든 의미가 함축되어 있었다. 게다가 쌍발통이 두 바퀴라는 말에 비해 어감이 강하고 향토성도 짙어 도민들에게 친근하게 느껴진다는 장점도 있었다.

나는 전략팀과 협의해 '쌍발통'을 선거 콘셉트로 정했다. 내 의지와 철학을 함축적으로 표현하면서도 신선하고 정감이 있다며 다들 만족스러워했다.

한 걸음 더 나아가 수레를 만들어 활용하자는 의견까지 제시되었다. 쌍발통 수레와 외발통 수레를 직접 만들어 출마 기자회견이나 거리유세에 활용하면 관심도 끌고 메시지도 쉽게 전달할 수 있을 것이라는 제안이었다.

내가 출마를 선언하면서 '쌍발통 수레'를 끌고 등장한 것은 그런 연유에서였다.

정운처언~! 쌍발토옹~!

"지금까지 우리 전북은 민주당 외발통으로 굴러왔습니다. 그래서 앞으로 나아가질 못했습니다. 그 결과 경제 꼴찌, 교육 꼴찌가 되었습니다. 이제는 외발통이 아닌 쌍발통이 되어야 합니다. 여야가 공존하는 전라북도, 중앙정부와 함께 가는 전라북도가 되어야 미래를 향해 나아갈 수 있습니다."

전주시청 앞마당. 점심을 먹고 삼삼오오 모여 있는 공무원들을 향해 나는 목소리를 높였다. '기호 1번 정운천'을 아로새긴 하늘색 조끼를 걸친 채였다. 전주시장이 민주당 소속이었지만 개의치 않았다. 전북이 바뀌려면 행정을 담당하고 있는 공무원부터 바뀌어야 한다는 신념으로 일부러 찾아간 것이었다.

예기치 못한 행동에 대한 호기심 때문이었을까? 삼삼오오 서 있던 공무원들이 내 주위로 모여들었다. 때를 놓치지 않고 나는 목소리를 높였다.

"수레가 아무리 튼튼해도 외발통으로는 굴러갈 수 없습니다. 250 대 0의 독점으로는 아무것도 할 수 없습니다. 중앙정부와 전라북도, 여당과 야당, 도시와 농촌이 함께 가는 쌍발통시대를 만들어야 합니다."

그러면서 나는 사람들의 표정을 살폈다. 다들 진지한 표정으로 내 말을 귀담아 듣고 있었다. 나는 주저하지 않고 다음 단계로 나아갔다.

"제 말에 동의하시면 함께 '쌍발통'을 외쳐주십시오! 제가 '정운천!' 하면 여러분은 '쌍발통!' 하고 화답해주십시오!"

나는 오른손을 들어 앞으로 힘차게 내치며 큰 소리로 "정운천!" 하고 외쳤다. 그러자 여기저기서 "쌍발통!" 하고 응답하는 소리가 들렸다. 하지만 목소리가 작고 활기도 없었다.

"아, 아니, 그렇게 하면 재미가 없습니다. 정운천의 '천', 쌍발통의 '통'에 힘을 줘 '정운처언~! 쌍발토옹~!' 이렇게 리듬을 타야 외치는 맛이 납니다. 자, 다시 한 번 하겠습니다. 정운처언~!"

그러자 약속이나 한 것처럼 모두가 한목소리로 화답했다.

"쌍발토옹~!"

그리고 이어지는 웃음소리. 다들 재미있다는 듯 서로 쳐다보며 기분 좋게 웃음을 터뜨렸다. 힘을 얻은 나는 서너 번 더 반복해서 외쳤다.

"정운처언~!"

"쌍발토옹~!"

조용하던 시청 앞마당이 야구장 관중석처럼 시끌벅적해졌다.

선거기간 내내 나는 도내 곳곳을 돌아다니며 쌍발통을 외쳤다. 전통시장을 찾아 상인들의 손을 잡고 외쳤고, 막걸리촌을 찾아가 대학생들과 건배를 하면서 외쳤다. 거리에 모여 있는 도민들과 함께 외치기도 했다.

도민들은 격의 없이 대해주었고, 흔쾌히 '쌍발통!'을 외쳐주셨다. 이따금 한나라당 후보라며 외면하는 분들도 계셨지만, 대다수 도민들은 정당에 관계없이 위로하고 격려해주셨다. 나를 알아보고 먼저 '쌍발통!'을 외쳐주는 도민도 있었다. 그러한 도민들의 격려에 힘입어 나는 더욱 소리 높여 쌍발통을 외쳤다.

LH공사를 전북으로 가져오겠습니다

"… LH공사는 토지공사와 주택공사의 업무 효율성과 경쟁력 제고를 위해 통폐합이 결정된 것입니다. 이런 LH공사를 머리 따로 몸통 따로 분산 배치한다는 것은 말이 되지 않습니다. 타성에 젖어 경제의 기본 원칙을 무시한 무책임한 행정 편의주의적, 패배주의적 발상이라고밖에 볼 수 없습니다. 저는 '지역장벽 허물기'와 '농업 살리기'를 평생의 신념으로 삼고 있습니다. 그 연장선상에서 저의 인생과 정치생명을 걸고 LH공사를 전북 전주에 일괄 유치하겠습니다."

5월 25일, 투표를 일주일 남겨놓고 기자회견을 자청한 나는 결의에 찬 목소리로 오랫동안 준비한 핵심 공약을 발표했다.

2009년 10월 토지공사와 주택공사가 합병되자 통합된 LH공사 (한국토지주택공사)의 본사 이전 문제가 뜨거운 감자로 부상했다. 정부의 공공기관 이전 계획에 따라 토지공사는 경남(진주)으로, 주택공사는 전북(전주)으로의 이전이 예정되었던 만큼 양 도(道)는 통합된 LH공사 유치 문제를 놓고 팽팽하게 맞섰다. 경남은 진주로의 일괄 이전을 주장한 반면, 전북은 본사의 기능을 나눠 양쪽으로 분산 배치하자는 안으로 맞서고 있었다. 영호남 간의 새로운 지역갈등으로 비화될 조짐마저 보였다.

내가 생각하기에 통합된 공사의 본사를 분산해서 배치한다는 것은 설득력이 없고 경제적 효용성도 떨어졌다. 일괄 이전이 바람직한 안이었다. 분산 배치는 전부 다 빼앗길 수는 없다는 전북의 절박감이 만들어낸 고육지책이었다.

이러한 상황에서 LH공사를 경남으로 일괄 이전하면 전북도민들은 또다시 두터운 지역장벽을 느끼고 좌절감과 소외감에 빠져들 것이다. 반면 전북으로 일괄 이전하면 그동안의 응어리를 풀고 마음을 여는 전기가 될 수 있을 것이다. 국가적으로도 지역장벽을 허물고 소통과 화합을 이룩하는 초석이 될 수 있다.

그러한 판단에 따라 나는 출마를 결심하면서부터 LH공사의 전북 이전을 핵심 공약으로 생각하고, 실천을 위해 남다른 노력을 기울여왔다.

언론에서 출마 여부를 문의할 때마다 나는 LH공사 유치를 공약 카드로 내세웠다. '전북 발전을 위한 확실한 뒷받침이 있어야 한다, 그것이 보장되지 않으면 출마할 수 없다.' 나는 내 입장을 강하게 주장하며 한나라당을 압박했다.

한편으로는 물밑작업을 계속했다. 정몽준 대표를 비롯한 주요 당직자들을 만나 내 생각을 분명히 전달했다. 정종환 국토해양부장관을 찾아가 정부 차원의 지원을 요청했다. 출마 인사차 청와대를 방문한 자리에서 이명박 대통령께도 간곡히 말씀드렸다.

"30년 동안 계속된 망국적인 지역장벽을 허물기 위해서는 대통령님의 결단이 필요합니다. LH공사를 전북으로 이전시켜주십시오. 그래야 전북을 끌어안을 수 있습니다."

아울러 나는 당락에 관계없이 LH공사 전북 일괄 유치를 핵심 공약으로 제시하겠다는 뜻을 밝혔다.

그런 일련의 과정 때문에 나는 4월 중순이 돼서야 전주로 내려올 수 있었다. 김대식 전남지사 후보나 정용화 광주시장 후보는 1월부터 현지로 내려가 선거를 준비했지만 나는 공약카드를 마련하는 데 그 시간을 바쳤다. 때문에 선거 준비기간이 그들의 절반밖에 되지 않았지만 어쩔 수 없었다. 내게는 그것이 선거운동보다 더 중요했기 때문이다.

전주로 내려와 선거운동을 하는 도중 청와대의 호출을 받았다. 출정식을 이틀 앞둔 5월 18일 청와대를 찾아 정무수석을 만났다.

"수석회의도 했으니 LH공사 일괄 유치를 공약하십시오. 대신 20% 이상의 지지율을 받아내십시오."

선거 전부터 내가 출마의 조건으로 내세웠던 공약카드에 대한 청와대의 최종 답변이었다. 아내의 교직까지 포기하는 배수의 진을 치고 몇 달 동안 노력한 것이 비로소 결실을 본 것 같아 무척이나 기뻤다. 그런 답변을 받았기에 나는 더욱 밝은 마음으로 LH공사 일괄 유치 공약을 발표할 수 있었다.

떨어질 게 뻔한데 인생을 건다고?

발표를 마치자 기자석이 술렁거렸다. 자판을 두드리던 손을 멈추고 서로 얼굴을 쳐다보며 어리둥절해했다. 내 입에서 생각지도 못한 말이 튀어나왔기 때문이었다.

공약은 당선을 전제로 한다. 당선되어 실천하겠다는 약속이 공약이다. 낙선한 후보에게는 이행의 의무가 없다. 그런데 떨어질 게 뻔한 후보가, 도민들의 숙원사업인 LH공사 유치를, 당락에 관계없이, 그것도 인생과 정치생명을 걸고 하겠다니?

LH공사 유치가 현실적으로 어렵다는 것은 기자라면 누구나 알고 있다. 오죽하면 전라북도나 민주당에서도 분산 유치를 주장하겠는가. 그런 상황에서 일괄 유치하겠다는 공약을 곧이곧대로 받아들일 기자는 아무도 없을 것이다.

그러나 나는 떨어지더라도 '인생과 정치생명을 걸고' 유치하겠다고 했다. 책임 있는 집권여당의 후보가 그렇게까지 진정성을 내보이는데, 어찌 관심을 갖지 않을 수 있겠는가. 기자들의 관심은 충분히 예상된 것이었다.

'인생과 정치생명을 걸고…'라는 표현에 대해서는 캠프 내에서도 반대가 심했다. '한 치 앞도 알 수 없는 것이 정치판인데, 어떻게 그런 공약을 한단 말인가? 자신이 있다 해도 그렇게 위험한 언급은 피해야 한다. 자승자박이 될 수 있다.'

그러나 나는 그럴 수 없었다. 그것이 바로 내가 보여주고자 한 진정성이었다. 당선 가능성이 희박한 상황에서 당선을 전제로 공약을 제시한다면 진정성이 있겠는가?

더구나 나는 지역주의 극복을 신념으로 삼고 출마했다. 지역장벽을 극복하고 서해안시대에 대비하기 위해 LH공사는 반드시 전북으로 일괄 이전해야 한다고 설득했고 공감대를 이끌어냈다. 내가 배수의 진을 치면 상황이 더 유리하게 전개될 것이라는 기대감도 작용했다.

유치되지 않는다면 어떤 식으로든 책임을 지겠다는 각오도 있었다. 당선은 되지 못하더라도 공약한 내용을 지키고, 지키지 못하면 스스로 책임지는 모습을 보이는 것, 나는 그것이 도민들과 소통하는 길이요, 정치인이 지향해야 할 자세라고 믿었다.

그러한 판단에서 '당락에 관계없이' '인생과 정치생명을 걸고' 일괄 유치하겠다고 공약한 것이었다.

꼬끼오! 꼬끼오!

"꼬끼오오~! 꼬끼오오~!"

나는 아랫배에 힘을 주며 목청껏 소리를 내질렀다. 생방송 토론회가 진행되는 스튜디오 안이었다. 난데없는 닭울음소리에 모두들 놀란 토끼 눈을 하고 나를 주시했다. 옆자리에서 다음 순서를 준비하던 김완주 후보는 화들짝 놀라 몸을 움찔거렸다. 모두의 시선이 내게 쏠린 것을 확인한 나는 차분한 목소리로 말을 이었다.

"장닭이 새벽을 깨우듯 전라북도의 새벽을 깨우겠습니다."

KBS 전주지국에서 생방송으로 진행된 전북지사후보 초청 토론회. 나는 장닭처럼 '꼬끼오! 꼬끼오!'를 외치는 것으로 모두발언을 시작했다.

쌍발통 수레를 끌고 출마선언을 한 이후 나는 도내 곳곳을 돌아다니며 쌍발통을 외쳤다. 시청을 비롯한 관공서를 찾아가 공무원들과 손을 맞잡고 외쳤고, 대학가를 순회하며 젊은이들과 한목소리로 외쳤다. 많은 분들이 격의 없이 맞아주셨고, 함께 쌍발통을 외쳐주셨다.

그러나 언론에서 실시하는 여론조사 결과를 보면 나에 대한 지지율이 늘 7~9% 수준이었다. 출마선언 전의 4%대에 비하면 많이 상승하긴 했지만, 50일의 선거기간 중 35일이 지났는데도 두 자릿수를 넘어서지 못했다. 목표로 삼은 20%에는 턱없이 부족했다.

특단의 충격요법이 필요했다. 도민들에게 깜짝 놀랄 만큼 강렬한 인상을 남겨야 마(魔)의 한 자릿수를 넘어설 수 있으리라는 생각이 들었다. 그러려면 도민 모두가 볼 수 있는 TV토론에서 승부수를 던져야 했다.

TV토론에서 강렬한 인상을 남기기 위해서는 짧고 강한 메시지가 필요했다. 머리가 아니라 가슴으로 느낄 수 있는 새로운 화두가 필요했다. 며칠 동안 고민한 끝에 찾아낸 것이 '꼬끼오!'였다.

《한시외전(漢詩外傳)》이라는 고전에 의하면 닭에는 '오덕(五德)'이 있다고 한다. 문무용인신(文武勇仁信). 고금을 막론하고 지도자에게 필요한 다섯 가지 덕을 갖추고 있어 닭은 예로부터 영물로 여겨졌다. 닭의 오덕을 한마디로 상징할 수 있는 것이 바로 꼬끼오!였다.

꼬끼오!는 또 어둠을 헤치고 새벽이 밝아옴을 알리는 희망의 소리다. 새로운 아침을 깨우는 소리는 외발통을 넘어 쌍발통시대로 나아가야 한다는 내 철학과도 일맥상통했다. 남녀노소 누구나 가슴으로 받아들일 수 있는 일상의 언어이기도 했다.

그런 취지에서 나는 꼬끼오!를 방송토론의 새로운 화두로 생각했고, 꼬끼오!를 외치는 것으로 모두발언을 시작했다.

꼬끼오, 장닭이 새벽을 깨우듯

방송이 끝나자 꼬끼오!는 단연 화제의 중심이 되었다. 온통 그 얘기뿐이었다. 도지사후보 토론회라는 긴장되고 경직된 자리에서 난데없이 닭 우는 소리라니. 누구도 예상치 못한 파격이었기에 그만큼 효과도 컸다.

방송의 위력은 생각했던 것보다 더 대단했다. 다음 날 내 휴대폰은 불이라도 난 것처럼 쉴 새 없이 울렸다. 방송을 보다 깜짝 놀랐다, 다른 건 하나도 기억나지 않는데 꼬끼오! 소리 하나는 확실히 기억한다, 그런 이야기였다.

유세를 위해 차량 위에 올라가자 나를 향해 먼저 꼬끼오!를 외쳐주는 도민도 있었다. 내 상징어가 '쌍발통'에서 어느새 '꼬끼오'로 바뀐 느낌이었다.

방송에서의 첫 외침을 시작으로 나는 꼬끼오!를 새로운 브랜드로 활용했다. 방송토론이나 연설에서는 물론 인터뷰나 거리유세에서도 소리 높여 꼬끼오!를 외쳤다. 도민들 또한 쌍발통보다 더 쉽고 자연스럽게 받아주고 화답해주셨다.

특히 선거운동 마지막 날 저녁에는 아내와 단둘이 소형 유세차에 올라 밤늦게까지 시내 곳곳을 순회하며 꼬끼오~!를 외쳤다. 그동안의 성원에 감사드리며 전라북도의 새 아침을 열기 위해 최선을 다하겠다는 의미를 담아 목이 터져라 외쳤다. 도민들도 식당에서 저녁식사를 하다 밖으로 나와 손을 흔들어주는 등 마음으로 호응해주셨다.

"꼬끼오 오~! 꼬끼오 오~!

장닭이 새벽을 깨우듯 전라북도의 새벽을 깨우겠습니다!"

18.2%, 소통의 물꼬를 트다

6월 2일 진행된 선거에서 나는 최종적으로 18.2%의 득표율을 기록했다. 도내에서 투표한 85만여 명의 유권자 중 약 15만 명이 나를 지지해준 것이다.

18.2%. 역대 선거에서 한나라당 후보로는 한 번도 넘지 못한 마의 두 자릿수를 넘어 20%에 근접한 수치다. 선거비용을 100% 보전받을 수 있는 득표율인 15%도 훌쩍 넘어섰으니, 누가 보기에도 떳떳했다. 전남과 광주의 한나라당 후보보다도 4~5% 높으니 호남의 대표성도 인정된다. 전국적으로 한나라당이 완패한 것을 감안하면

의미가 더욱 배가된다.

이는 분명히 도민들이 나를 인정하고 내 진정성을 받아준 것이라 해석할 수 있었다. 황무지 전라북도에 소통의 씨앗은 뿌린 것이라고 의미를 부여해도 무방할 것이다. 아울러 지역장벽이 결코 넘지 못할 벽은 아니라는 희망을 심어주었다. 언론에서도 '소통의 물꼬를 텄다'며 높이 평가했다.

나는 이러한 도민들의 성원을 받들어 선거가 끝난 뒤 '동북아중심 전북발전포럼'의 창립을 뒷받침했다. 선거 당시의 시민참여본부를 중심으로 도민들의 뜻을 모아 새만금개발청 신설과 LH공사 전북 일괄 유치 등 선거공약 실천에 힘을 보태기 위해서였다.

또한 포럼 산하에 '꼬끼오 아카데미'를 개설해 인재 육성도 뒷받침했다. 도내 각 분야의 인사들을 대상으로 집중적인 의식교육을 통해 지역장벽 극복 등 주요 현안에 대한 공감대를 확산시켜나가기 위해서였다.

"꼬끼오오~! 꼬끼오오~!

장닭이 새벽을 깨우듯 전라북도의 새벽을 깨우겠습니다!"

선거 당시의 약속처럼 쌍발통의 전북, 새 아침의 전북을 만들기 위해 나는 최선의 노력을 다하고 있다.

떨어졌어도 공약은 지켜야

국도에서 빠져나와 마을길로 접어들자 이제는 익숙한 가축분뇨 냄새가 차 안으로 스며들었다. 왕궁축산단지다. 선거기간에 두 번 방문했으니 이번이 세 번째였다. 눈도 코도 익숙해질 만했다.

마을 입구로 들어서자 수십 명의 주민들이 미리 나와 기다리고 있었다. 차에서 내려 다가가자 '쌍발통! 정운천!'을 연호하며 반가운 얼굴로 맞아주셨다. 선거가 끝난 지 한 달이 다 되어가는데도 잊지 않고 환영해주는 주민들이 반갑고 고마웠다.

익산시 왕궁면에 들어선 왕궁축산단지. 한센인 700여 명을 포함해 2,200여 명의 주민들이 축산으로 생계를 잇고 있는 곳이다. 그러나 단지가 조성된 지 60여 년이 지나 오·폐수 문제가 심각하고 한센인들의 주거시설 또한 낡고 낙후되어 근본적인 대책이 시급한 실정이었다. 전라북도에서도 이를 인식하고 축산단지 이전 등 환경 개선 계획을 세웠으나 필요한 사업비 1,160억 원 중 정부에 요구한 700억 원의 국비가 책정되지 않아 사업 추진이 요원해졌다.

애가 단 주민들은 여러 경로를 통해 민원을 제기하고 탄원을 넣었다. 그러자 이재오 국민권익위원장이 다녀가는 등 이런저런 움직임이 있었다. 하지만 그것으로 그만이었다.

전북지사 선거에 출마하면서 그러한 상황을 전해 들은 나는 출마선언 후 곧바로 이곳을 찾았다. 호남제일문에서 출정식을 한 뒤에도 제일 먼저 이곳을 방문해 현황을 파악하고 주민들의 얘기를 들었다. 도민들의 생계와 직결된 문제보다 더 중요하고 시급한 것은 없다는 생각에서였다.

두 차례의 방문을 통해 현황을 자세히 파악한 나는 왕궁축산단지 환경개선을 핵심 공약 중 하나로 채택했고, 주민들에게는 당락에 관계없이 사업이 진행될 수 있도록 최선을 다해 돕겠다고 굳게 약속했다.

선거가 끝난 후 나는 관계부처를 찾았다. 현장 방문을 통해 확보한 자료를 토대로 환경개선의 절박함을 설득했다. 아울러 이곳에서 배출되는 오·폐수가 새만금의 상류인 만경강으로 흘러들어 수질오염의 원인이 되는 만큼 이를 국책사업인 새만금 개발에 포함시켜 추진해야 한다고 대안을 제시했다. 새만금위원회 환경분과위원인 내가 근거와 타당성을 가지고 설득하자 관계부처에서도 긍정적으로 검토하겠다고 답변했다.

이번 방문은 이러한 진행상황을 설명해 주민들의 궁금증을 풀고 불안감을 덜어드리기 위해서였다. 선거 때만 되면 무엇이든 다 해주겠다고 하다가 선거가 끝나면 감감무소식인 것을 여러 번 경험한 주민들이었다. 이번에도 그런 것은 아닌지 하루하루 마음 졸이며 기다릴 주민들을 찾아뵙고 진행상황을 전해드리는 것이 도리라고 생각했다.

당선도 안 됐는데…

주민을 대표하는 익산농장 김종윤 어르신의 안내를 받아 회관으로 들어가자 200여 명의 주민들이 모여 있었다. 대부분 한센 1세대로 고령인 어르신들이 진행상황에 대한 설명을 듣고자 불편한 몸을 이끌고 나온 것이다. 그만큼 주민들에게는 절박한 문제였다.

나는 지금까지 진행된 상황을 자세히 설명했다. 새만금 개발에 포함시켜 종합적인 환경개선 사업으로 추진하고 있다, 시기를 5년 앞당겨 2015년까지 완료하는 방향으로 협의를 진행하고 있다, 이에 필요한 정부 예산 700억 원을 반영시키기 위해 최선을 다하고 있다… 가감 없이 있는 그대로 소상히 설명했다.

설명을 마치자 앞줄에 앉아 있던 김종윤 어르신이 일어나 앞으로 다가왔다. 그러더니 느닷없이 엎드려 큰절을 하는 것이었다. 너무 당혹스러워 나 또한 그대로 엎드려 맞절을 올렸다.

"당선도 안 됐는데 잊지 않고 힘써주시고, 또 일부러 찾아와 설명까지 해주시니 정말 고맙습니다. 우리는 후보님만 믿습니다. 아무쪼록 우리의 소원이 해결될 수 있도록 해주십시오."

어르신의 손을 맞잡고 일어서는데, 가슴이 뭉클했다. 이 일이 이분들에게 얼마나 절박한 문제인지 다시 한 번 실감했다. 내려오길 정말 잘했다는 생각이 들었다. 이렇게 서로 만나 허심탄회하게 얘기하고 마음을 공유하는 것, 이것이 바로 소통일 것이다.

얼마 후 새만금기획단에서 반가운 보고가 올라왔다. 왕궁축산단지의 환경개선에 필요한 국비 700억 원이 정부 계획에 반영되었다는 내용이었다. 내가 요청한 대로 새만금 개발에 포함시켜 종합적인 환경개선 사업으로 추진하며, 시기도 5년 앞당겨 2015년까지 완료하는 것으로 확정되었다는 것이었다.

소식을 듣고 기뻐할 주민들의 모습이 떠올랐다. 나 또한 무척이나 기뻤다. 그분들이 소원을 이루는 데 도움이 되었다는 사실이, 선거 당시 약속한 공약을 지켰다는 사실이 그렇게 기쁠 수가 없었다.

그리고 며칠 지나지 않아 나는 반가운 손님들의 방문을 받았다. 왕궁 주민들이었다. 김종윤 어르신을 비롯해 주민대표 여덟 분이 직접 양재동의 내 사무실로 찾아온 것이었다.

"우리의 긴박한 문제를 해결해주신 정 후보님께 진심으로 고마움을 전합니다."

언제 준비했는지 주민 명의로 된 감사패를 건네주며 몇 번이나 손을 맞잡고 고맙다는 말을 반복했다. 약속한 것을 지키기 위해 노력했을 뿐인데…. 고맙다는 인사와 함께 기쁜 마음으로 감사패를 받았다.

지금까지 나는 많은 상을 받았다. 산업훈장을 비롯해 각종 상패와 트로피가 많다. 하지만 앞에서도 이야기했듯이 우리 집 책장 한가운데에 놓여 있는 것은 달걀이다. 광우병 파동 당시 농산물품질관리원 대전지원을 방문했을 때 한 아주머니가 아이를 통해 건네준 달걀, 그 달걀을 박제로 만들어 소통의 상징으로 간직하고 있다.

나는 왕궁 주민들이 만들어준 감사패를 그 옆에 놓았다. 지역장벽을 넘어 황무지 전라북도에 소통의 길을 내겠다고 출마한 전북지사 선거에서 거둔 작지만 소중한 결실인 왕궁 주민들과의 소통의 징표로 오래도록 간직할 것이다.

한나라당 최고위원 4개월

2010년 12월 20일 나는 한나라당 최고위원으로 취임했다. 지방 선거 패배 후 전당대회를 통해 새롭게 출범한 안상수 대표 체제에서 선출직 최고위원 5인의 의결을 거쳐 지명직 최고위원 2인 중 호남 몫으로 내가 지명된 것이다. 나로서는 전북지사 선거에서 도민들이 보내준 18.2%의 지지를 바탕으로 집권여당의 최고의결기구인 최고위원회에 참여하게 된 것이었다.

한나라당의 취약 지역인 호남을 대표해 진출한 만큼 내 역할과 임무는 자명했다. 호남과 중앙을 연결하는 가교 역할을 통해 지역주의의 벽을 허무는 것이었다.

그러한 생각에서 나는 취임 일성으로 석패율제 도입을 제안했다.

지난 선거를 통해 지역장벽을 일시에 극복하기는 어렵다는 것을 절감한 만큼, 현실적으로 가능한 것부터 바꿔나가자는 생각이었다.

석패율제란 각 당의 취약 지역에 출마한 후보자를 비례대표로 동시에 공천, 낙선하더라도 득표율이 높은 후보를 비례대표로 구제하는 제도를 말한다. 2012년 총선에 이 제도를 도입하면 호남에서 한나라당 의원을, 영남에서 민주당 의원을 배출할 수 있다. 그렇게 제도적으로라도 여야가 공존하는 환경을 만들어 지역주의의 벽을 허물어나가야 한다는 생각이었다. 그러한 판단에서 나는 석패율제 전도사를 자청하며 기회 있을 때마다 도입의 필요성을 역설했다.

"30년 동안 굳어진 지역감정을 하루아침에 해소하기는 어렵습니다. 그러니 제도적으로 이를 완화하는 방안을 모색해야 합니다. 가장 쉽게 접근할 수 있는 것이 석패율제입니다. 2012년 총선에 석패율제를 도입해 호남에서 한나라당 의원을, 영남에서 민주당 의원을 배출하면 고질적인 지역장벽을 극복하는 출발점이 될 것입니다."

호남 지역의 현안과 민심을 제대로 전달해 중앙당과 함께 가는 호남을 만드는 데에도 많은 노력을 기울였다. 당 지도부를 설득해 최고위원회의를 광주와 전주에서 개최, 호남의 여론을 생생하게 전달했다. 호남발전특위를 구성하고 위원장을 맡아 호남 발전을 위한 실질적인 대안 마련에도 전력을 집중했다.

여수 명예시민이 되다

2012년 여수엑스포는 전 세계 200여 국가가 참가하는 세계 최대 규모의 박람회다. 올림픽에 버금가는 국제행사로 호남 지역에서 개최되는 역대 최고의 행사라 할 수 있다.

그런데도 여수시와 중앙정부의 소통이 원활하지 못해 추진에 어려움을 겪고 있는 사업이 있었다. 여수 버스터미널에서 박람회장에 이르는 2.8킬로미터의 시내도로 확장과 석창교차로 입체화 사업이 대표적인 케이스였다. 지역민의 숙원사업이자 엑스포의 성공적 개최를 위해 반드시 필요한 사업이지만 지방비 예산으로 해야 한다는 규정 때문에 320억 원의 국비가 지원되지 않아 박람회 준비에 차질이 빚어지고 있었다. 규정에 얽매여 11조 5,000억 원의 국가적 대사를 제대로 준비하지 못한다면 경제적으로만 보아도 더 큰 우(愚)를 범하는 것이었다.

이러한 사실을 전해 들은 나는 1월 29일 엑스포 준비 현장을 방문해 상황을 면밀히 점검했다. 반드시 필요한 사업이라고 판단한 나는 열흘 뒤 김무성 원내대표와 관련 상임위 간사 등을 모시고 다시 현장을 찾았다. 중앙당 지도부가 직접 현장을 보고 애로사항을 들어야 문제 해결이 용이할 것이라는 판단이었다.

그후 나는 다시 최고위원회의와 당·정·청 회의에서 사업 추진의 필요성과 시급성을 설명하고 국비 지원을 강력히 요청했고, 김 원내

대표 등의 지원을 받아 관철시켰다. 그렇게 해서 여수시의 숙원사업이자 엑스포의 현안사업인 시내도로 확장과 석창교차로 건설을 시행할 수 있게 되었다. 그 공로로 나는 김무성 원내대표와 함께 여수 명예시민으로 선정되었다. 지역 현안을 면밀히 파악해 근거와 타당성을 가지고 중앙정부를 끈질기게 설득하여 이루어낸 성과였다.

350만의 소·돼지가 준 교훈

2010년 겨울 전국을 휩쓴 구제역사태는 우리의 축산 기반을 송두리째 뒤흔들었다. 전국 150여 곳에서 발생해 소와 돼지 350만 마리가 살처분되었다. 농가의 직접 피해액만 3조 원이 넘었다. 이동제한에 따른 지역경제의 침체 등 간접적인 피해까지 감안하면 피해규모는 상상을 초월한다.

더 큰 문제는 구제역이 언제 또 발생할지 모른다는 사실이다. 환경오염에 따른 기후변화 등으로 인해 더욱 기승을 부릴 것이라는 게 전문가들의 공통된 견해다. 따라서 근본적이고 종합적인 대응책을 마련해놓아야 한다. 소를 잃었어도 외양간은 고쳐야 한다는 말이다.

2010년 12월 22일, 나는 최고위원 취임 3일 만에 구제역대책특위 위원장을 맡았다. 나는 전문위원들과 함께 당 차원의 대책 마련에 착수했다. 확산 방지에 온 힘을 쏟도록 정부의 방역활동을 독려하는 한편 근본적인 대응책 마련에 집중했다. 수차례의 현장 방문과 전문가 면담, 관계회의 등을 통해 식품검역안전청 설립과 축산업 등록제 강화, 군의 화생방부대 내에 바이러스 긴급 방역단 설치 등을 골자로 하는 구제역 대책을 수립하고 당정회의를 통해 정부 측에 시행을 촉구했다.

그러나 ✦사태가 마무리된 후 정부가 발표한 대책은 미봉책 수준에 불과했다. 검역 검사기관을 통합해 '농림수산검역검사본부'를 설립했지만 전국적인 조직을 갖춘 농산물품질관리원이 제외되어 통합의 효과를 기대할 수 없었다. 나머지 세 기관도 통합을 통해 이름만 바뀌었지 실질적으로 달라진 것이 없었다. 기껏해야 2개의 직급을 상향 조정하고 55명을 증원한 것이 고작이었다.

방역 문제도 마찬가지다. 구제역 발생 시 일본이나 영국에서는 곧바로 군이 투입된다. 우리도 각 도의 화생방부대에 방역단을 육성해 상황 발생 시 즉각 투입하는 체제를 마련해야 하는데, 이에 대한 내용은 찾아볼 수 없다.

이러한 대책으로는 한계가 있다. 구제역이 다시 발생하면 같은 전철을 밟을 수밖에 없다. 지금이라도 방역시스템 전반을 다시 점검해야 한다. 시간이 걸리고 비용이 들더라도 확실한 종합대책을 마련해야 한다. 그것이 350만 마리의 소 돼지가 살처분된 지난번 재앙의 교훈을 되새기는 길이요, 우리 축산이 어려움을 딛고 다시 일어설 수 있는 길이다.

무엇이 불안과 혼란을 조장하나

구제역사태가 전국으로 확산되고 살처분 가축이 늘어나자 언론과 시민단체에서는 매몰지의 환경오염 문제를 집중적으로 거론했다. 매몰지의 침출수가 유출되어 한강이 오염되고 환경재앙이 일어날 것이라고 대서특필해 국민들을 불안케 했다. 3년 전 광우병 파동 때의 모습을 보는 것 같았다.

그러나 자연의 정화 능력은 탁월하다. 또 침출수는 용암의 마그마처럼 점성이 있기 때문에 많이 번지지 않아 오염의 우려가 적다.

나는 언론을 통해 이러한 점을 설명하고 불안해하지 않아도 된다고 국민들을 안심시켰지만 언론의 과장보도는 줄어들지 않았다. 언론은 여름 장마가 시작되면 한강 주변의 매몰지에서 침출수가 넘쳐 환경재앙이 일어날 것이라며 연일 불안감을 확산시켰다.

나는 대안으로 침출수 자원화를 제시했다. 유출이 우려되는 매몰지가 있으면 그 매몰지의 침출수를 관으로 뽑아 올려 고온에서 멸균 처리하는 방식으로 퇴비화하는 방안이다. 2011년 3월 7일 이천의 한 매몰지에서 시연한 것처럼 국내에는 이미 그런 기술이 개발되어 있었다. 신기술을 활용해 그렇게 침출수를 자원화하면 유출에 대한 우려도 줄이고 퇴비로도 활용할 수 있어 일거양득이었다.

그러나 언론에서는 내 말의 앞뒤를 자르고 '침출수=퇴비'라는 등식을 만들어 마치 전염된 가축의 침출수를 모두 퇴비로 만들어 쓰자고 제안한 것처럼 보도했다. 졸지에 나는 국민적 원성의 대상이 되었다. 3년 전 광우병 파동 당시 '광우병은 10년 안에 사라질 것'이라고 말해 국민적 비난의 대상이 되었던 것과 같은 상황이었다.

당시에도 나는 광우병이 초식동물인 소에게 육류를 먹여 발생한 재앙임을 알고 있었고, 원인이 된 동물성사료를 금지한 1997년 이후 광우병 발생이 급속도로 줄어든 사실도 알고 있었다. 그 때문에 '10년 내에는 광우병이 사라질 것'이라고 발언한 것이었다.

그로부터 3년이 지난 지금 광우병 공포는 과장되고 왜곡된 것으로 드러났다. 또한 여름의 집중호우에도 불구하고 침출수 유출로 인한 환경재앙도 발생하지 않았다.

생각과 사실은 구분되어야 한다. 생각이 포장되어 사실처럼 보도되면 걷잡을 수 없는 혼란이 벌어진다. 광우병 파동이 그러하고, 침출수 퇴비화 논란이 그러하다. 모든 것은 사실에 근거해 판단하고 행동해야 한다. 그래야 분열과 대립을 막고 소통과 화합을 이룰 수 있다. 그것이 광우병 파동과 침출수 퇴비화 논란이 남긴 교훈임을 우리는 잊지 말아야 한다.

함거에 올라 석고대죄하다

"한국토지주택(LH)공사를 경남 진주로 이전하고, 토지공사가 이전키로 되어 있던 전북 전주에는 대신 진주 이전 예정인 국민연금관리공단을 이전한다."

2011년 5월 13일 대통령 직속 지역발전위원회의 발표였다. 발표를 지켜보던 나는 가슴이 무너지는 듯했다. 2010년 전북지사 출마를 결심하면서부터 심혈을 기울여 추진해온 LH공사 전북 유치가 결국 물거품이 되었기 때문이다.

눈앞이 캄캄했다. 30년 지역장벽의 한을 풀기 위해서라도, 다가오는 서해안시대에 대비하기 위해서라도 LH공사는 전북으로 이전해야 했다. 그래서 발이 닳도록 뛰어다니며 설득하고 또 설득했는데….

도민들의 모습이 떠올랐다. 발표를 보고 나만큼이나 상실감에 젖어 있을 도민들. 도민들이 느꼈을 실망감을 생각하자 얼굴이 화끈거려 견딜 수가 없었다.

LH공사를 전북으로 일괄 유치하겠다, '인생과 정치생명을 걸고' 반드시 유치하겠다 공약했는데, 결국 약속을 지키지 못한 결과를 초래했으니… 도민들을 대할 면목이 없어졌다.

청와대 관계자들은 이런 나의 상실감을 이해했는지 여러모로 나에게 힘이 되는 말을 해주려고 했다. 전북과 경남이 서로 돈지갑을 놓고 싸움하다가 돈지갑은 경남에 뺏겼는데, 돌아보니 전북은 금덩이를 주웠다면서 연금공단의 전주 이전 효과를 강조했다.

"LH공사는 부채 129조, 하루이자가 105억씩 나간다. 1년 이자만 3조 8,000억 원씩 천문학적으로 늘어나고, 앞으로 아무리 구조조정을 해도 부채가 200조까지 늘어나게 돼 있다. 금년에 직원 700명을 감원하고 구조조정해서 감축한 금액이 450억 원인데, 이는 4일 이자밖에 되지 않는다. 그러나 연금공단은 900조의 기금이 있고 300조의 자산운용기금으로 포스코, 은행 등 주요 상장사의 대주주다. 또한 금년에만 600명을 신규 채용하고 있는, 공기업 중 가장 노른자위 기업이다."

이런 설명에 설사 공감한다 해도 내 낭패감을 쉽게 떨쳐버릴 수가 없었다. 게다가 민주당과 전북도지사 또한 '배를 깔고 죽을지언

정 내놓지는 못하겠다'고 하면서 1년 동안 전북도 전체가 LH공사를 반쪽이라도 가져오기 위해 깃발을 수천 개나 펄럭이면서 전북 분산 유치에 모든 것을 걸어왔던 것이다.

이제 어떻게 해야 하나? 어떻게 해야 도민들의 상처받은 마음을 위로할 수 있을까? 어떻게 해야 공약을 지키지 못한 책임을 행동으로 옮길 수 있을까? 잘못을 사죄하고 용서를 구할 수 있을까?

남들처럼 죄송하다, 송구스럽다, 고개 숙이고 큰절 한번 하는 것으로 사죄할 수는 없었다. 이미 발표까지 한 정부 정책을 철회하라고 시위를 하는 것도 한계가 있었다. 이미 버스는 떠난 후였다. 순간의 상황을 모면하려는 술책으로밖에 보이지 않을 것이다.

도민들께 진심 어린 사죄를 해야 한다. 어떻게든 도민들에게 책임지는 모습을 보여주어야 한다. 특히 지난 선거에서 나에게 처음으로 표를 주었던 15만여 도민들이 공감할 수 있는, 책임지는 모습을 행동으로 보여주어야 한다.

어떻게 하면 도민들의 마음을 위로해드릴 수 있을까? 며칠 동안 고민을 거듭했다. 그러던 어느 날, 이순신 장군의 함거가 떠올랐다. 한산도에서 한양까지 함거에 갇혀 호송되는 장군의 모습이 떠올랐다. '그래 맞아. 그렇게라도 해서 책임지는 모습을 보여드려야 한다. 군주의 시대에는 왕에게 용서를 빌었지만, 민주의 시대에는 국민에게 용서를 빌어야 한다.'

날이 밝기를 기다려 주위에 내 뜻을 밝히자 많은 분들이 반대하고 만류했다. 꼭 그렇게까지 해야 하느냐, 지나친 쇼다, 도민들이 더 격분할 수 있다, 차라리 청와대에 가서 대들어야지….

나 또한 두려웠다. 수감의 고통을 견딜 수 있을까, 격분한 도민들이 돌이라도 던지지 않을까, 함거를 엎어뜨리지나 않을까….

그러나 나를 믿고 지지해준 15만 도민들. 그중 10만여 명은 지자체선거 이래 처음으로 한나라당 후보를 지지해준 분들이었다. 그분들에게 책임지는 모습을 보여드려야 했다. 그 결심이 다른 모든 것을 뛰어넘었다.

책임지는 모습을 행동으로 보여주고 싶었다

사흘 뒤 나는 호남제일문 앞에 함거를 마련하고 스스로 수감되어 석고대죄를 시작했다. 미리 배포한 '도민들께 드리는 글'을 통해 '일괄 유치 공약을 지키지 못한 데 대해 사죄드린다'고 함거에 오르는 이유를 밝혔다. 그런 다음 백의를 입고 함거 안에 앉아 도민들께 용서를 빌었다.

생전 처음 경험하는 수감생활이었다. 견디기 힘들 정도로 고통스러웠다. 이른 아침부터 밤늦게까지 무릎도 펴지 못하고 갇혀 있으니 몸이 굳어 움직이기조차 힘들었다.

그래도 이따금 다가와 건네주는 도민들의 위로와 격려가 큰 힘이 되었다. 한 어르신은 성난 표정으로 다가와 "그게 어찌 당신 책임이냐?"며 "당장 내려오라!" 호통을 치기도 했다. 인근에서 음식 장사를 하고 계신 어느 할머니는 "절대 몸 상하면 안 된다"며 주먹밥을 건네주기도 했다. 음식 배달을 다녀오던 한 청년은 음식값 3,000원을 함거 속에 집어넣고 재빨리 달아나기도 했고, 어느 아주머니는 비닐봉투에 우유를 담아 모서리에 걸어주기도 했다. 너무나 고맙고 감사한 도민들이었다.

반면 옆으로 지나가며 "쇼하지 마라"고 한마디 하시는 분도 있었다. "차라리 청와대 앞에 가서 하쇼" 하며 못마땅해하시는 분도 있었다. 그 또한 내게는 가슴 깊이 새겨야 할 교훈이요 질책이었다.

그러나 일부 도민들의 눈에 그렇게 비춰진다 해도 어쩔 수 없었다. 진정성을 바탕으로 책임지는 모습을 행동으로 보여주는 것, 그것이 내가 택할 수 있는 최선의 길이었다.

그렇게 일주일을 계속한 끝에 함거에서 내려왔다. 그러나 그것으로 용서를 받았다고 끝낼 수는 없었다. 가진 것을 내려놓고 자숙하는 것, 그것이 진정으로 책임지는 길이라고 판단했다.

그후 나는 주요 공직에서 물러났다. 한나라당 최고위원은 이미 사임한 상태였고, 애착이 큰 한식재단 이사장 자리에서도 물러났다. 3년 전 농식품부장관에 취임하면서 시작한 한식 세계화사업을 위해 2010년에 그 전담기관으로 설립된 한식재단이었다. 좀 더 기틀을 닦아 한식 세계화의 토대를 마련해야 한다는 아쉬움도 남았지만 정치인으로서 책임지는 자세가 더 중요했다. 나는 그렇게 공직에서 물러나 또다시 전국을 순회하는 소통과 화합의 전도사 역할을 시작했다.

도전 7

성숙한 세계국가를 위해

우리가 진정한 선진국으로 발돋움하기 위해서는 두 가지 국가적 과제를 극복해야 한다. 민족의 역사와 문화와 얼을 이어온 먹거리를 계승 발전시켜야 하고, 고질적인 지역장벽을 극복해야 한다. 자고로 고유의 먹거리를 도외시하고 선진국이 된 나라가 없고, 지역주의 청산 없이 세계의 중심으로 도약한 국가도 없다.

한식을 세계로

2009년 11월 우리나라는 경제협력개발기구(OECD) 산하 개발원조위원회(DAC)의 24번째 회원국이 되었다. 6·25 전쟁 직후 절대 빈곤의 폐허 속에서 원조받은 밀가루로 연명하던 국가가 개발도상국을 도와주는 '원조 공여국'으로 탈바꿈한 것이다. 제2차 세계대전을 전후해 독립한 143개 신생 독립국가 중 유일한 사례로, 많은 개도국의 모델이 되고 있다.

2010년 11월에는 G20 정상회의를 개최했다. 의장국으로서 회의를 성공적으로 운영하고 원만한 합의를 이끌어내 국제사회의 새로운 리더로 부상했다.

2010년 기준으로 8,915억 달러의 무역액을 기록해 세계 9위의 무역대국이 되었으며, 2011년에는 1조 달러를 돌파해 7위권에 진입할 것으로 예상된다. 2011년 7월에는 2018 동계올림픽 유치에 성공, 세계 4대 스포츠제전을 모두 유치한 6번째 국가가 되었다. 국운이 상승하고 국격이 높아지면서 세계의 중심국가로 나아가고 있는 것이다.

그러나 우리가 진정한 선진국으로 발돋움하기 위해서는 두 가지 국가적 과제를 극복해야 한다. 민족의 역사와 문화와 얼을 이어온 먹거리를 계승 발전시켜야 하고, 고질적인 지역장벽을 극복해야 한다. 자고로 고유의 먹거리를 도외시하고 선진국이 된 나라가 없고, 지역주의 청산 없이 세계의 중심으로 도약한 국가도 없다.

한식은 최고의 건강식품

한식은 단순한 음식이 아니다. 5,000년을 이어온 우리의 역사와 문화, 그리고 얼이 고스란히 배어 있는, 민족사상과 전통문화의 뿌리다. 한식을 계승 발전시켜 세계화하는 것은 음식을 통해 우리의 사상과 문화를 세계 속으로 확산시켜나가는 일이다.

'천지인합일(天地人合一)'이라는 민족사상을 바탕으로 우리 조상들은 자연과 조화를 이루는 독특한 식문화를 발달시켜왔다. 특히 발효식품은 지수화풍이 빚은 천일염을 기반으로 약성 강한 우리의 농산물을 자연 속에서 발효시켜 만든 최고의 건강식품이다. 장기간의 숙성 과정을 통해 우리 몸에 필요한 각종 유산균까지 함유한 살아 있는 미생물체다. 많이 먹어도 살이 찌지 않고 몸의 활동성을 높여주는 이유가 여기에 있다.

그뿐만이 아니다. 몇 년 전 국내의 한 대학병원에서 실시한 임상실험에 의하면 한식은 생식기능 활성화와 성인병 예방에도 뛰어난 효과가 있는 것으로 나타났다. 영양 공급은 물론이고 우리 몸이 올바른 생명활동을 영위하도록 돕는다는 사실이 실험을 통해 입증된 것이다.

그러나 등잔 밑이 어둡다고 정작 우리 국민들은 이러한 사실을 제대로 인식하지 못하고 있다. 젊은 세대들은 김치와 된장 같은 발효식품을 멀리하고 햄버거나 피자 따위의 인스턴트식품에 빠져들고 있다.

그 결과 여러 가지 부작용이 나타나고 있다. 예전보다 젊은이들의 체격은 좋아졌지만, 체력은 떨어지고 정신력도 나약해졌다. 평균수명은 늘어났지만 희귀병이 증가하고 과체중과 비만이 심각해졌다. 최근의 조사에 의하면 초등학생의 3분의 1 이상이 비만과 각종 성인병에 시달리고 있다고 한다.

더 심각한 것은 젊은이들의 생식기능에도 영향을 미치고 있다는 사실이다. 지금의 50대 여성이 가임연령이었을 때는 불임률이 5%도 되지 않았다. 하지만 현재의 20, 30대 여성의 불임률은 20%에 이른다. 다섯 가구 중 한 가구가 아이를 갖는 데 어려움을 겪고 있다는 얘기다. 실제로 아이를 갖지 못하는 젊은 부부를 주위에서 어렵지 않게 찾아볼 수 있다.

3년 전 이명박 정부의 초대 농식품부장관으로 취임한 나는 곧바로 한식 세계화사업을 시작했다. 지식경제부에서 광물로 관리하던 천일염을 가져와 기초식품으로 육성하는 한편, 이를 기반으로 하는 간장·된장·고추장·김치·젓갈을 5대 식품으로 선정하고 전통 발효식품을 세계 명품으로 육성하기 위해 다각적인 사업을 전개했다. 광우병 파동의 책임을 지고 물러난 뒤에는 한식 세계화 전담기관으로 설립된 한식재단의 이사장을 맡아 실무를 총괄했다.

그러한 노력이 밑바탕이 되었는지 최근 들어 한식에 대한 세계인의 관심과 수요가 나날이 증가하고 있다. 미국의 〈뉴욕타임스〉는 원기를 불어넣는 건강하고 개성 있는 음식으로 한식을 소개했고, 세계보건기구(WHO)에서는 영양을 고루 갖춘 모범식이라고 극찬했다. 세계적인 건강잡지 〈헬스〉는 김치를 세계 5대 건강식품으로 선정했다. 서양의 각국 정부도 사회 문제로 대두되고 있는 비만과 성인병을 극복할 대안으로 한식에 주목하고 있다. 한식이 우리의 전통음식을 넘어 세계인의 건강과 웰빙을 책임질 글로벌음식으로 새롭게 떠오르고 있다.

한류를 한식으로 확산시켜야

2011년 6월 10일과 11일 프랑스 파리의 제니스 공연장에서는 대규모 K-POP 공연이 열렸다. 8,000석의 객석이 모자라 복도까지 꽉 메운 유럽의 젊은이들이 우리말 노래를 따라 부르며 환호하고 열광했다. 〈르 몽드〉를 비롯한 프랑스 언론은 '아시아를 평정한 한류가 유럽을 공략했다'며 대대적으로 보도했다.

그런가 하면 일본의 후지TV 방송국 앞에서는 한류 반대시위가 벌어졌다. 일본 방송국에서 왜 한국 드라마를 더 많이 방영하느냐고 항의하며 방송을 일본인에게 돌려달라고 요구했다. 실제로 후지TV에서는 일주일에 40시간 한국 드라마를 방영한다. 일본 드라마에 비해 두 배나 많은 시간이다. 한류가 일본 사회 깊숙이 파고들어 있다는 것을 단적으로 보여준다.

한류가 세계로 확산되고 있다. 인터넷을 통해 세계 어디에서나 접촉할 수 있게 되면서 지구 곳곳으로 퍼져 나가고 있다. 이제는 남미나 아프리카에서도 K-POP을 따라 부르며 환호하고, 〈대장금〉이나 〈겨울연가〉 같은 한국 드라마를 보며 눈물을 흘린다. 우리의 대중문화가 세계인을 울리고 있다.

방송이 문화의 첨병이라면 음식은 문화의 본진에 해당한다. 한류의 영향으로 한국문화에 대한 관심과 수요가 증가한 만큼 이 기회를 활용해 한식을 세계화해야 한다. 우리의 맛과 멋을 세계에 알려

대한민국의 국격을 높이는 한편 세계인의 건강과 웰빙을 책임지는 글로벌식품으로 만들어야 한다. 그렇게 될 때 우리나라는 경제뿐만 아니라 세계의 문화를 선도해나가는 명실상부한 선진 문명국가로 발돋움하게 될 것이다.

지역장벽을 넘어서

지난 반세기 대한민국의 현대사는 한마디로 경제개발과 민주화의 역사였다. 6·25의 폐허를 딛고 일어서기 위해 국민 모두가 허리띠를 졸라매고 산업역군으로 나섰다. 박정희 대통령은 '새마을운동'을 통해 국민들의 뜻과 힘을 하나로 모았고, 산업입국의 기치를 내걸고 강력한 경제개발 정책을 지속적으로 추진했다. 그 결과 세계에서 유례를 찾기 어려운 '한강의 기적'을 이룩했고 세계 10대 무역대국으로 성장했다.

한편으로는 독재정권에 맞서 민주주의를 쟁취하기 위한 투쟁이 끊임없이 전개되었다. 국민들은 박정희에 이은 전두환, 노태우 군사정권에 맞서 분연히 일어섰고, 광주의 아픔을 딛고 끝내 민주주의의 꽃을 피웠다. 반세기 만에 민족의 염원이던 경제발전과 민주화를 모두 이루어낸 것이다.

그러나 그 과정에서 '지역주의'가 잉태되었다. 경제개발을 부르짖는 독재정권과 민주주의를 쟁취하기 위한 국민 투쟁이 지역을 기반으로 대립되면서 배타적인 지역주의가 뿌리내렸다. 이는 이후에 주요 고비마다 나타나 국가 발전을 가로막는 장벽이 되었다. 경제성장과 더불어 민주화도 이룩했고 지역을 기반으로 한 3김(金)시대도 막을 내렸지만, 지역주의의 어두운 그림자는 그대로 남아 여전히 국가 발전의 장애가 되고 있다.

지역주의 극복을 위한 최선책은?

미국의 케네디 대통령은 역사적 방향 설정, 용기, 성실과 신념, 그리고 희생과 헌신을 정치인이 지녀야 할 네 가지 덕목으로 꼽았다.

2011년 전북지사 선거를 통해 정치에 입문한 나는 케네디 대통령이 제시한 이 네 가지 덕목을 정치의 좌우명으로 삼았다. 그리고 '지역주의 극복'을 역사의 방향으로 설정했다.

250 대 0, 국회의원 의석으로는 11 대 0에서 보듯이 도내의 모든 선출직 의석 중 집권여당인 한나라당은 단 한 석도 없다. 완벽한 독점이다. 모든 것을 일방이 독점하고 상대를 인정하지 않는 외발통의 지역주의를 극복하지 못하는 한 국가의 발전도 역사의 진전도

기대할 수 없다는 판단에서 나는 선거기간 내내 '쌍발통'을 외쳤고, 이에 도민들 또한 18.2%라는 역대 최고의 지지율로 화답해주셨다.

집권여당의 최고위원으로 중앙정치 무대에 진출한 뒤에는 현실적인 대안 마련에 주력했다. 지역주의가 한순간에 극복될 수 있는 것이 아닌 만큼 현실적으로 가능한 제도적 개선을 통해 자연스럽게 극복해가야 한다는 판단이었다.

그래서 제안한 것이 석패율제였다. 이 제도를 도입하면 지역주의의 두터운 벽도 조금씩 허물어질 것이라 생각한 것이다.

석패율제는 여당은 물론 야당에게도 도움이 되는 제도다. 여야 모두에게 지역정당의 한계를 극복하고 전국정당으로 나아가는 계기가 될 수 있다. 이해관계가 대립되는 것이 아닌 만큼 여야가 쉽게 합의할 수 있는 가장 현실적인 대안이다.

그러므로 서둘러 도입해도 좋다. 나는 그동안 언론 인터뷰와 신문 기고, 각종 행사 등에서 이 제도의 실효성을 강조하고 다녔다. 2011년 2월 20일 대통령 초청으로 열린 최고위원 부부동반 만찬에서도 나는 건배사를 통해 석패율제 도입을 제안했다.

"석패율제가 도입되면 한나라당 불모지인 호남에서도 다섯 명 이상 당선될 수 있습니다. 그 반대로 영남에서는 그만큼 야당이 당선될 수 있습니다. 그렇게 되면 대통령님은 지역주의를 극복한 첫 대통령이 될 것입니다. 또 우리의 정치가 상극에서 상생과 소통으로 나아가는 시발점이 될 것입니다. 그렇게 될 때 대한민국은 성숙한 세계국가로 진입하게 될 것입니다. 이 염원을 모아 건배를 제의합니다. 제가 '석패율'하면 '좋다'고 화답해주십시오. 아니신 분은 조용한 목소리로 '아니야' 해주십시오."

나는 잔을 높이 치켜들고 "석패율!" 하고 외쳤다. 대통령을 비롯한 모두가 "좋다!" 하며 화답해주셨다.

그날 이후 석패율제도가 수면 위로 올라와 여론의 주요 이슈가 되었고, 시간이 지날수록 공감대를 넓혀갔다. 여권은 물론 야권에서도 필요성을 공감하고 본격적인 논의를 시작했다. 선관위에서도 석패율제 도입을 골자로 하는 선거법 개정안을 마련해 국회에 제출했다. 지금 이 순간에도 2012년 4월의 총선을 목표로 석패율제 도입을 위한 논의가 활발히 진행되고 있다. 이러한 논의가 결실을 맺어 4월의 총선이 영호남에 여야가 공존하는 상생 정치의 출발점이 되기를 기대한다.

대망의 동북아시대를 향하여

"중국인이 몰려오고 있다."

최근 국내 관광업계의 동향을 한마디로 압축한 말이다. 주요 관광지마다 중국인들이 넘쳐나고 있다. 2011년 9월에는 한 중국 기업체의 직원 1만여 명이 단체로 제주를 찾아 북새통을 이루기도 했다. 업계에서는 2011년 말까지 300만 명이 넘는 중국인들이 한국을 찾아 그동안 부동의 1위를 지켜온 일본인 관광객 수를 추월할 것으로 예상하고 있다.

관광뿐만이 아니다. 정치·경제·문화·스포츠 등 모든 분야에서 중국의 약진이 두드러지고 있다. 중국이 세계의 중심국가로 부상하고 있다.

동북아시대의 중심, 서해안

지난 20세기는 미국과 일본을 중심으로 한 태평양시대였다. 태평양을 사이에 둔 미국과 일본이 세계 무대의 중심국가가 되면서 정치와 경제 등 모든 분야의 교류가 태평양을 중심으로 이루어졌다.

1968년 박정희 대통령은 경부고속도로를 착공했다. "먹고 살기도 힘든데 무슨 고속도로냐?"며 야당 등에서 거세게 반대했지만 박 대통령은 뜻을 굽히지 않았다. 부산을 거점으로 태평양으로 나아가야 국가의 미래가 있다는 판단에 따라 서울에서 부산을 관통하는 국토의 대동맥을 건설했다. 그 덕분에 우리는 대미·대일 무역을 기반으로 수출입국을 이룩했고 세계적인 무역대국이 될 수 있었다. 우리는 경부고속도로를 축으로 '한강의 기적'을 이룩하고 국민소득 2만불시대를 열었다.

그러나 21세기에 들어서 세계의 중심이 이동하고 있다. 이라크전쟁에 지친 미국은 막대한 재정적자에 허덕이고 있고, 지진과 태풍 등의 자연재해에다 원전사고까지 겹친 일본은 끝도 모를 침체의 늪 속으로 빠져들고 있다. 그러는 사이 거대한 인구와 자원을 바탕으로 중국이 새로운 중심국가로서의 입지를 구축해가고 있다.

이러한 시대의 흐름에 맞춰 우리도 무게의 중심축을 옮겨야 한다. 태평양시대에 맞춰 경부고속도로를 뚫었다면 새로운 동북아시대에 맞춰 서해안으로 눈을 돌려야 한다.

서해안의 중심, 새만금

서해안의 중심은 새만금이 될 것이다. 총 1억 2,000만 평의 바다를 메워 만든 거대한 신천지이며 서해안의 배꼽이자 중국과도 가까운 새만금을 개발해 전진기지로 만들어야 새로운 동북아시대를 주도할 수 있다.

2011년 3월 정부는 2020년까지 총 22조 원을 투자하는 새만금 종합개발계획을 확정했다. 2010년까지 부지 조성공사를 마무리하고 나서 본격적인 내부 개발에 착수한 것이다.

바다를 막아 부지를 조성하는 데만 20년의 시간이 걸린 새만금이다. 내부 개발을 차질 없이 추진해 마카오, 싱가포르, 홍콩과 같은 국제도시를 건설하기 위해서는 범정부적인 지원과 뒷받침이 반드시 필요하다.

가장 시급한 것이 전담조직의 신설이다. 지금처럼 정부 관련부처와 지자체가 제각각 참여하는 방식으로는 체계적이고 효율적인 추진이 어렵다. '새만금개발청'을 신설해 관련업무를 하나로 만들고 특별회계를 신설해 예산을 안정적으로 확보해야 한다. 그래야 주변 여건의 변화에 관계없이 새만금 개발을 안정적, 지속적으로 추진할 수 있다.

새만금 개발은 동북아시대를 준비하는 전 국가적인 프로젝트다. 차질 없이 추진해 동북아의 새로운 랜드마크로 만들어야 한다. 지난 태평양시대에 경부고속도로를 축으로 국민소득 2만불시대를 열었다면, 3만불·4만불 시대는 동북아의 허브인 새만금이 그 축이 되어야 한다. 새만금 개발이 차질 없이 추진되어 동북아의 새로운 명품도시를 건설해야 한다. 나 또한 그렇게 될 수 있도록 최선을 다할 것이다.

새로운 도전을 시작하며

저는 2010년 전북지사 선거에서 도민들께 약속드린 공약, LH공사를 전북으로 일괄 유치하겠다는 약속을 지키지 못한 책임을 지고 함거에 올라 석고대죄한 다음 주요 공직에서 물러났습니다.

그러나 제가 역사의 방향으로 설정한 지역주의 극복, 그 사명과 신념에서는 한 발짝도 물러나지 않았습니다. 물러날 수 없었습니다. 그것은 저에게 주어진 소명이기 때문입니다. 모든 것을 벗어던진 백의종군 신분이라 영향력도 없고 초라할지 모릅니다. 그러나 장관직에서 물러났을 때 그랬던 것처럼, 자리에 연연하지 않고 제가 가진 모든 역량을 다해 이 소명을 추진하고 실천해나갈 것입니다.

현실적으로 지역주의가 가장 극명하게 드러나는 것이 선거입니다. 250 대 0, 11 대 0의 현실이 증명하듯 평소에는 다소 잠잠하다가도 선거 때만 되면 고개를 치밀고 기승을 부립니다.

경제 분야에는 공정거래법과 공정거래위원회가 있어 독점의 폐해를 미리 방지하고 있습니다. 그러나 정치에는 그러한 제도적 장치가 없습니다. 경제 독점보다도 국가에 미치는 악영향이 크고 광범위하지만, 민주선거라는 미명하에 지난 30~40년간 정치 독점이 이어져왔습니다.

지역주의를 극복하기 위해서는 선거에서 혁명이 일어나야 합니다. 말뚝만 박으면 된다는 식의 지역주의는 이제 더 이상 명분도 없고 시대에도 맞지 않습니다. 지역주의 극복이야말로 선진 민주주의로 가는 길이요, 성숙한 세계국가로 가는 길입니다. 지역주의에 편승하는 정치인들에게 우리 국민들이 철퇴를 내려야 합니다. 그래야 지역주의의 장벽을 넘어 소통과 화합의 정치시대를 열어갈 수 있습니다.

그것이 현실적으로 어렵다면 제도적으로 장치를 마련해야 합니다. 석패율제를 도입해 호남에서 한나라당 의원이, 영남에서 민주당 의원이 배출될 수 있도록 해야 합니다. 그래야 영호남 모두에 여야가 공존하는 상생과 화합의 시대가 열릴 수 있습니다.

석패율제 도입과 관계없이 저는 2012년 4월의 총선에서 새로운 도전에 나설 것입니다. 250 대 0, 11 대 0의 황무지인 전라북도에서 저는 또 출마할 것입니다. 지역장벽을 깨기 위해서입니다. 그것이 시대정신이요, 제게 주어진 시대의 소명이라고 믿기 때문입니다. 모두가 불가능하다고 생각하는 벽, 넘을 수 없다고 절망하는 벽, 그 벽을 넘어야 소통과 상생의 새 시대가 열리기 때문입니다.

정운천이 걸어온 길

1954.4	전북 고창 출생
1973.3	남성고등학교 졸업
1981.2	고려대학교 농업경제학과 졸업
1981~1989	삼부종합농장 및 교육장 운영
1988	농어민후계자 선정
1989.5	한국참다래협회 초대회장 취임
1991~2007	한국참다래유통사업단 대표이사
1992.12	철탑산업훈장 수상
1993.9	대산농촌문화상 수상
1999	신지식농업인 선정
2000	사단법인 한국신지식농업인회 초대회장 취임
2002	초등학교 사회교과서(5-1) 수록
2003	원광대학교 행정대학원 졸업
2004.2	저서 《거북선농업》 발간
2006	사단법인 한국농업CEO연합회, 한국참다래연합회 초대회장 취임
2007	(現)전남대학교 농업생명과학대학 겸임교수
2008.2~8	제57대 농림수산식품부 장관 역임
2009.1	(現)국무총리 직속 새만금위원회 위원 위촉
2009.2	(現)사단법인 이순신리더십연구회 이사장 역임
2009.9	저서 《박비향》 발간
2010.3~2011.6	한식재단 이사장 역임
2010.12	전북대학교 농업생명과학대학 식품공학과 석좌교수 부임
2010.12~2011.4	한나라당 최고위원 역임